智能座舱 HMI设计
从人因理论到设计实践

王亚辉　薛志荣　李　俊　贾思玉　杨宝玲◎著

清华大学出版社
北京

内 容 简 介

本书结合当下汽车行业发展趋势，以智能座舱为基础，从人因学出发，详细讲解了智能座舱中的数字仪表HMI设计、信息娱乐系统HMI设计、多模交互设计、驾驶自动化HMI设计的知识，从多个角度解释了车载系统、智能驾驶和多模交互的设计方法，涵盖人因学理论、行业规范、设计案例、设计原则，以及相关领域的趋势和挑战。

本书适合汽车HMI设计师、产品经理等人员阅读，也可作为高等院校汽车设计、人机交互设计等相关专业的教材或参考用书。

本书封面贴有清华大学出版社防伪标签，无标签者不得销售。

版权所有，侵权必究。举报：010-62782989，beiqinquan@tup.tsinghua.edu.cn。

图书在版编目（CIP）数据

智能座舱HMI设计：从人因理论到设计实践 / 王亚辉等著. —北京：清华大学出版社，2023.8

ISBN 978-7-302-64124-7

Ⅰ. ①智… Ⅱ. ①王… Ⅲ. ①汽车－智能控制－座舱 Ⅳ. ①U463.83

中国国家版本馆CIP数据核字(2023)第129577号

责任编辑：杜　杨
封面设计：杨玉兰
责任校对：胡伟民
责任印制：丛怀宇

出版发行：清华大学出版社
　　　　网　　址：http://www.tup.com.cn，http://www.wqbook.com
　　　　地　　址：北京清华大学学研大厦A座　　邮　编：100084
　　　　社 总 机：010-83470000　　　　　　　邮　购：010-62786544
　　　　投稿与读者服务：010-62795954，jsjjc@tup.tsinghua.edu.cn
　　　　质 量 反 馈：010-62772015，zhiliang@tup.tsinghua.edu.cn
印 装 者：北京博海升彩色印刷有限公司
经　　销：全国新华书店
开　　本：170mm×240mm　　印　张：14.25　　字　数：275千字
版　　次：2023年9月第1版　　印　次：2023年9月第1次印刷
定　　价：99.00元

产品编号：100973-01

推荐序

我们正处在一个知识更新飞速的时代,尤其是科技领域,新理论和技术层出不穷,实践应用也在高速发展。然而,理论知识的积累和更新往往无法跟上实践变化的步伐。在汽车行业,智能座舱HMI已经成为一项关键技术。它涉及众多领域的知识交叉,从心理学到人工智能,从工程技术到工业设计,具体包括人因、多模交互、数字仪表、信息娱乐系统等。

本书为我们提供了一个全面了解这一领域的绝佳机会,通过对智能座舱领域的跨学科知识的整合与实践,带领我们跨越学科边界,吸收新的理论,用全新、前沿的视角来解决实践问题。

本书对智能座舱HMI的概念、发展史、趋势以及场景设计等多个方面进行了深入剖析。随着智能座舱任务的多样化和用户生理、心理需求的日益复杂,人因研究在智能座舱设计中显得至关重要。本书对人因的基本概念、发展历程以及研究价值和意义进行了详尽阐述,使我们更好地了解智能座舱为何关注人因。

在智能座舱HMI设计的核心问题中,作者深入探讨了数字仪表、信息娱乐系统等关键组件的设计原则与实施方法。随着技术的不断创新,多模交互成为智能座舱的一个重要特点。本书对多模交互的价值、重要性及在语音交互中的应用等方面进行了全面剖析。

同时,本书还涉及机器人的情感交互和语音交互等前沿技术,提供了更深入的思考和探索空间。智能座舱的未来发展将离不开这些前沿技术的应用和推广。

总之,本书是一本非常有价值的参考书。作为一名设计师和程序员,我深知多模态、人机交互在智能座舱中的重要性。本书不仅为我们提供了理论知识,还通过实践案例和设计建议为我们提供了实践操作的指引。本书的出版将为广大汽车行业从业者和研究人员带来极大的帮助，推动智能座舱 HMI 领域的发展。

我相信，通过阅读本书，您将能够更好地理解智能座舱 HMI 的设计和发展趋势，为自己的工作和研究提供更多的思路和灵感。

在此，我向本书的作者表示衷心的感谢，也向广大读者推荐这本内容丰富、实用性强的优秀著作。让我们一起运用新的理论成果，不断实践并将之内化为自己的知识体系，共同探索智能座舱 HMI 的无限可能，为未来的驾驶体验带来更多惊喜和创新。

无界社区 Mixlab 创始人池志炜

2023 年 3 月

前言

新一轮的智能革命推动了全球汽车产业的深刻变革，在这种变革下，汽车的产品形态也发生了较大变化，汽车正在由传统的工业及机械产品，向"第三空间"和移动的智能化数字终端转变。一方面，汽车座舱不再受到传统物理按键和显示屏物理性能的约束，汽车的使用场景和用户体验不断拓宽；另一方面，汽车摆脱了功能至上的设计趋势，更有趣、更有情感、更人性化的车内交互设计正在成为车企关注的重点。

然而，在这个转折点上，车企却面临着消费需求下降，市场竞争激烈的大浪淘沙阶段，无论是国内新势力、传统汽车品牌还是外资品牌，都处于"逆水行舟，不进则退"的危机之中。几年前，智能化和电动化趋势让造车"看起来没那么难"，催生了大量场外玩家进入，生长在数字化时代的新玩家为百年汽车工业带来了不小的冲击。即使大量的资金在品牌初创期造就了一定的优势，但是这种优势难以在单车利润几乎为零的情况下持续，结果是十不存一。另外，白热化的市场竞争正在不断压缩汽车的开发周期，以往某豪华品牌车型整体开发周期60个月的情况一去不复返，20~30个月的快速迭代量产变得越来越普遍。在这种情况下，如何快速响应用户在不同场景下的新需求，基于用户实际需求进行正向研发，并通过前瞻技术或设计创新实现"差异化的用户价值"，让用户安全、高效、舒适地完成车内交互体验，成为车企的核心关注点。

智能座舱是由庞大、复杂的系统工程组织起来的智能载体，是当前智能汽车的重要组成部分。一方面，智能座舱的设计创新给用户带来了丰富的体验，而另一方面，座舱的交互信息越来越复杂、新兴技术或设计越来越多，给驾驶安全带来新的隐患。因此，在具体的智能座舱 HMI 设计中要时刻守住汽车安全的基本盘，这需要综合考虑座舱交互媒介和实际驾驶场景，选择最佳的信息展示和交互通道，同时全面考虑 HMI 设计是否符合人的认知习惯和沟通方式，保证交互过程的自然高效。

然而知易行难，如何以人为中心，全方位思考智能汽车与人的关系，并通过人-系统整合的思维，以及用户价值驱动的创新性技术或设计，最终面向用户打造"安全、高效、舒适"的驾驶体验，是整个汽车行业共同的难题，也是本书想要为读者尝试回答的问题。

再说说这本书的定位。首先，这本书不是一本学术著作或设计教科书，因为晦涩难懂的理论、学术名词和实验会大大提高读者的学习成本和阅读门槛，这样对设计实践的指导作用就会很有限，这是我们不想看到的。其次，这本书也不是一本纯设计工具书，我们没有把大量的篇幅放到"技法"的表现层面，而是将更多的篇幅放到人因思维"道"的应用层面，我们更关注理论如何应用于设计实践，实验结论如何指导 HMI 设计底层的信息框架搭建，或者如何运用本书的知识来解决具体的设计问题。从内容形式上讲，本书主要通过案例来呈现从人因工程、人机交互、心理学的理论及方法中所提炼出来的设计原则及思维方式，以及其在智能座舱 HMI 设计中的具体应用，让读者建立系统工程思维、用户思维、以人为中心的设计思维，而不仅仅是停留于"设计美学"的层面。

这本书从 2018 年我读博期间就开始酝酿，后来在人机交互专家薛志荣的推动下才真正迈出了第一步。从确定书的行文风格和内容方向，到具体的大纲和二级标题确定，经历了半年之久，这期间每周都会和志荣讨论到深夜，我们的初心就是为汽车 HMI 设计、汽车产品经理、用户体验设计师等车企从业人员，提供一本能够看得懂、用得上、有价值的书。

这本书包括 7 章：第 1 章主要向大家呈现智能座舱 HMI 的概览，以及智能座舱 HMI 设计背后的一些机会和挑战；第 2 章引入了人因工程的概念和发展史，讲述了将人因思想引入智能座舱 HMI 设计的必要性和急迫性；第 3 章系统阐述了智能座舱 HMI 设计过程中需要直面的问题以及 HMI 设计评估的方法，引导设计师不仅要跳出移动端的思维惯性进行设计，还要从空间和信息传递等角度去重新思考 HMI 设计给用户带来的价值；第 4 章和第 5 章主要将人因和人机交互的模型和方法，通过数字仪表和信息娱乐系统的 HMI 设计案例，进行了拆解和分析，并整理出了一些实用的设计原则、设计方法供大家参考；智能座舱多模交互体验的优劣是影响用户价值感知的重要因素，第 6 章基于人因和人机交互的理论，全面讲述了多模交互的内涵、价值及设计方法，重点呈现了 GUI 和 VUI 融合过程中的各类思考和实用的设计准则；第 7 章从人 - 系统整合角度介绍驾驶自动化 HMI 设计，并从人因信任、安全感、反馈等角度，通过案例全面讲解了人 - 系统接管、干预等过程中的设计原则及方法。

这本书如何看？如果你是产品经理，我建议从头到尾整体看一遍，这样可能会较全面地理解智能座舱研发过程中的用户价值，建立以人为中心的用户思维；如果你是 HMI 设计师，无论做视觉还是交互，我建议第 2、3、6 章必读，第 4、5 章选读，这样可以很快将理论及应用串起来；如果你是用户体验设计师，建议先读一下第 2、3、6、7 章，建立智能座舱方法论，再将其具体应用到你的实际工作中；汽车专业的学生和行业其他职位的从业者，建议根据自己的实际需求进行阅读。

读这本书的同时，建议大家关注"薛志荣""MiX 跨学科知识分享""无界社区 mixlab""未来出行实验室"和"未来出行学院"的公众号内容，这里会分享更多关于跨学科知识融合、HCI、汽车 HMI 和汽车产品经理等领域的专业知识。

本书的编写得到各位作者的大力支持和配合，本书各章撰写的情况如下：第 1 章和附录由杨宝玲撰写，第 2 章由李俊、王亚辉和薛志荣共同撰写，第 3 章由王亚辉撰写，第 4、5 章由贾思玉撰写，第 6 章由薛志荣撰写，第 7 章由李俊撰写，全书由王亚辉和薛志荣统稿。

在本书的编写过程中，尽管各位同仁精益求精，力求完善，但是书中仍然有很多值得推敲和完善的部分，我们期待和感谢各位读者的批评指正，愿与您共同前进！

王亚辉

2023 年 3 月

目录

第 1 章 智能座舱人机交互介绍

1.1 智能座舱 HMI 概览 … 2
 1.1.1 智能座舱的定义和发展史 … 2
 1.1.2 智能座舱 HMI 的发展趋势 … 5
 1.1.3 智能座舱 HMI 的场景设计 … 9

1.2 智能座舱 HMI 中的机会和挑战 … 14
 1.2.1 驾驶安全的挑战 … 14
 1.2.2 智能驾驶的挑战 … 16
 1.2.3 信息安全的挑战 … 18
 1.2.4 人因工程的挑战 … 19

第 2 章 智能座舱中的人因学

2.1 什么是人因学 … 22
 2.1.1 人因学的基本概念 … 22
 2.1.2 人因学的发展历程 … 23
 2.1.3 人因研究的价值和意义 … 26

2.2 智能座舱为什么关注人因学　　26
2.2.1 智能座舱人因学的挑战增多　　26
2.2.2 智能座舱任务多样化　　29
2.2.3 智能座舱中人的生理及心理需求更复杂　　30

2.3 智能座舱的人因学应用　　33
2.3.1 智能座舱设计要知道的人因学及人机交互理论模型　　33
2.3.2 智能座舱的总体人因学要求　　40
2.3.3 考虑人因学要求的智能座舱设计流程　　48

第 3 章 | 智能座舱 HMI 设计的核心问题

3.1 跳出移动端的设计惯性看智能座舱 HMI 设计　　52
3.1.1 安全需求不同　　52
3.1.2 注意资源占用需求不同　　52
3.1.3 使用场景不同　　53
3.1.4 生态系统与设计规范不同　　55

3.2 智能座舱 HMI 设计要处理好"空间关系"　　56
3.2.1 乘坐空间　　56
3.2.2 视觉交互空间　　57
3.2.3 手部交互空间　　59
3.2.4 智能座舱硬件布局　　62

3.3 智能座舱 HMI 设计要关注"信息"　　63
3.3.1 信息的视觉传达　　63
3.3.2 视觉界面信息密度　　66
3.3.3 视觉界面信息层级　　68
3.3.4 如何提升信息传递效率　　69

3.4 智能座舱 HMI 设计评估与测试　　71
3.4.1 HMI 设计评估概述　　71

3.4.2　HMI 设计评估维度及指标　　71
3.4.3　HMI 设计评价评估方法　　77
3.4.4　如何落地进行测试应用　　79

第 4 章　智能座舱中数字仪表的 HMI 设计

4.1　汽车仪表的功能及发展概述　　82
4.1.1　汽车仪表发展的四个时期　　82
4.1.2　汽车仪表进化为驾驶员带来的好处　　86

4.2　数字仪表 HMI 设计原则及实施　　87
4.2.1　汽车仪表设计的人因及人机工程要求　　87
4.2.2　数字仪表 HMI 设计原则　　91
4.2.3　数字仪表 HMI 设计实例　　99

4.3　AR-HUD 与仪表的竞争　　104
4.3.1　AR-HUD 的出现　　104
4.3.2　AR-HUD 的现状及挑战　　106
4.3.3　AR-HUD 与仪表的关系　　108

4.4　数字仪表 HMI 设计趋势和挑战　　110

第 5 章　智能座舱信息娱乐系统的 HMI 设计

5.1　车载信娱系统发展概述　　116
5.1.1　狭义和广义的车载信娱系统　　116
5.1.2　车载信娱系统的三大现状　　117

5.2　车载信娱系统 HMI 设计原则及设计要点　　119
5.2.1　车载信娱系统的十大设计原则　　119
5.2.2　车载信娱系统 HMI 设计要点　　121

5.3　车载系统的多屏交互　　128
5.3.1　智能座舱的"多屏"有哪些　　128

	5.3.2	车载系统多屏交互设计原则	131
5.4	车载信娱系统 HMI 设计的挑战		135

第 6 章 | 智能座舱中的多模交互设计

6.1	智能座舱中的多模交互包含了什么		141
	6.1.1	HMI 设计中可用的感官通道	141
	6.1.2	逐渐成熟的交互模态和技术	144
	6.1.3	基于机器人的情感交互	146
6.2	智能座舱中多模交互的重要性		148
	6.2.1	多模交互的价值所在	148
	6.2.2	多模交互在驾驶状态下的作用	148
	6.2.3	设计多模交互体验的 4 个思考点	150
6.3	语音交互中的多模体验设计		151
	6.3.1	基于多模态的语音交互体验	151
	6.3.2	为什么要提升语音交互的使用效率和频率	153
	6.3.3	GUI 和 VUI 融合时存在的问题	155
	6.3.4	GUI 和 VUI 融合时的 8 条设计原则	158
	6.3.5	GUI 和 VUI 融合时注意的细节	161
6.4	智能座舱中多模交互发展存在的瓶颈		165

第 7 章 | 驾驶自动化 HMI 设计

7.1	驾驶自动化 HMI 设计概述		168
	7.1.1	不同等级的驾驶自动化	168
	7.1.2	驾驶自动化如何改变 HMI 设计	171
	7.1.3	驾驶自动化 HMI 设计需要解决的难题	173
7.2	如何构建对自动化系统的恰当信任		176
	7.2.1	建立对系统的正确认知	176

		7.2.2 传递透明化感知——驾驶可视化界面设计	177
		7.2.3 构建自然有效沟通	184
		7.2.4 提升系统的可控感	186
7.3	如何进行接管 HMI 设计		**189**
		7.3.1 明确不同接管场景的差异	189
		7.3.2 被动接管：更安全的驾驶权切换	191
		7.3.3 主动干预：更自然的人机共驾	197
7.4	L4 级自动驾驶的 HMI 设计		**199**
		7.4.1 L4 级自动驾驶的产品形态	199
		7.4.2 L4 级自动驾驶 HMI 的设计要点	201
		7.4.3 自动驾驶 HMI 的设计概念方向	205

附录 A ｜智能座舱设计的未来探索

第 1 章

智能座舱人机交互介绍

1.1 智能座舱 HMI 概览

1.1.1 智能座舱的定义和发展史

汽车圈里面都在谈"智能座舱",但是目前"智能座舱"正在经历一个动态的技术演变过程,在这个过程中智能座舱的分级、设计、评价、体验等很多问题尚未被很好地定义或解决。如果抛开定义来看,智能座舱包括车内需要的与人交互的各种软硬件,其中硬件包括中控、仪表盘、HUD(Head Up Display,平视显示)、流媒体后视镜、智能座椅、方向盘、氛围灯、车门、车窗等,软件则包括操作系统、虚拟层、中间件、应用软件等。

智能座舱是庞大复杂的系统工程:一方面随着汽车向电动化、智能化、网联化、共享化发展,座舱提供了更多元的应用场景和功能体验;另一方面数据和算力的不断提升,座舱的人机交互和智能化体验越来越丰富。从座舱的形态和组成来看,其发展经历了三个主要阶段:20世纪90年代以前的机械时代;21世纪初的电子时代;2015年至今的智能时代。

在20世纪的机械时代,座舱产品主要包括机械式仪表盘及简单的音频播放设备,功能结构单一,基本都是物理按键形式。20世纪初的车载中控还只是一个收音机,1924年雪佛兰搭载世界上首款车载收音机,标志着车载信息娱乐时代正式开启,但当时车载收音机不仅体积巨大且成本高昂,直至20世纪50年代才进入快速普及期。这一时期的车载系统功能相对单一,能够为车主提供的驾驶乐趣较为有限。

到21世纪初的电子时代,随着信息技术和消费电子技术的发展,车载系统开始集成更多功能。在上一代车机基础上升级了听觉体验,引入DVD播放、MP3播放等功能之外,更重要的是车载导航的使用,解决了很多路盲的问题。但无论是原厂卫星导航还是便携式导航仪,它们内置的地图数据都是固定的,更新速度跟不上道路基础设施的高速发展，而且大部分更新费用需要用户自行承担。这时的车机虽然有了导航、音视频播放、蓝牙连接、触控等功能，但智能化程度依然较低，迭代更新速度慢。

2015年以后，随着汽车"四化"（电动化、网联化、智能化、共享化）的发展，智能座舱进入智能时代。智能座舱开始向大屏化、多屏联动、多模交互方向发展，并且在语音控制、多媒体、辅助驾驶、手机车机互联等方面有更大的提升。车载系统早期使用的 WindowsCE 逐渐被 Android 取代，形成现在以 QNX、Android、Linux 系统为主的形式。车机芯片也从早期 MCU（Micro Control Unit，微控制单元）时代过渡到芯片时代，其中高通于 2019 年发布的 8155 芯片就比 3 年前的 820a 芯片在 CPU 算力上提高了近 2 倍，GPU 算力翻了近 4 倍。而两年后发布的 8295 芯片，其 AI 算力比 8155 芯片提升了 8 倍，相应的车机流畅性得到大幅提升，车内导航精确度提升到了可以直接用车机导航的程度，车内的影音娱乐体验也越来越丰富。更重要的是，这时的车机采用了兼容性更强、更智能的安卓系统，可使用的应用更多。车内还通过各式各样的传感器、汽车驾驶辅助系统以及人机交互系统来增加行车安全性，同时还实现了人与车、车与外界的信息通信。

除了芯片和算力的提升外，车载系统也在软件系统层上更新迭代。目前车载操作系统可大致分为三类：定制型操作系统、ROM（Read Only Memory，只读存储器）型操作系统和超级 App，如图 1-1 所示。定制型操作系统是在基础型操作系统之上进行深度定制化开发，如修改内核、硬件驱动、应用程序框架等。ROM 型操作系统是基于 Linux 或 Android 等基础系统进行有限的定制开发，不涉及系统内核的修改。超级 App 只在应用层调用系统已有接口相关功能，其余层级则完全沿用已有系统架构。

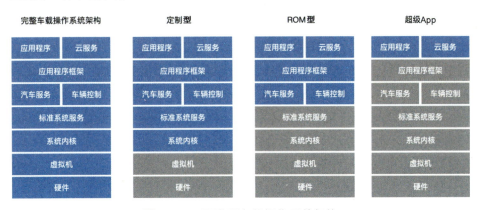

图 1-1　不同类型车载操作系统架构

定制型操作系统研发成本高、开发难度大，投入时间和成本都比较高，但自主性好，长期来看是较优的选择。如特斯拉 Version、大众 VW.OS、Android Automotive OS、华为鸿蒙 OS、阿里巴巴 AliOS 等均属于自研的定制型操作系统。ROM 型操作系统研发难度相对较低，耗时较短，能快速实现座舱系统的落地，大部分主机厂一般都选择开发 ROM 型操作系统，例如奔驰 MBUX、宝马 iDrive、蔚来 NIO OS、小鹏 Xmart OS、比亚迪 DiLink 等。

定制型操作系统和 ROM 型操作系统都能较好地与汽车本身结合，实现较为完整的车辆控制、数据调用等功能。华为的鸿蒙系统采用定制型的方式，在智能设备的互联上更简单直接。华为手机通过"碰一碰"即可与鸿蒙车机连接，进行文件互传、地址导航发送等功能。在手机上拨打中的电话也可以直接转移到车机上，通过车内摄像头、麦克风、扬声器继续通话，无缝衔接车上车下的生活。定制型操作系统给予设计师和开发者更多的自由度，能够从底层重构用户体验，带给用户最极致的体验。蔚来的 NIO OS 采用 ROM 型的方式，可便捷操控车辆。不仅可以远程开锁、开空调，还能远程一键启动，并设置挂挡时限，允许非车主在车主不在场的情况下挪车。ROM 型操作系统在个性化定制方面有足够的自由度，且在成本方面相对可控，是较为理想的研发方式。

超级 App 又叫手机映射系统，它不是完整意义上的汽车操作系统，而是将手机的丰富功能映射到汽车中控，实现成本更低，同时也可以满足用户在驾驶时的基本导航、娱乐需求，如苹果 CarPlay、谷歌 Android Auto、百度 CarLife、华为 Hicar 等。苹果的 CarPlay 最初由 iOS in the Car 更名而来，随着 iOS 的更新而更新，从 iOS9 到 iOS15，CarPlay 逐渐支持车机和手机的无线连接，实现控制车内空调和收音机、收听短信语音、通过语音发送短信、支持第三方地图、查看日历等功能。在 2022 年 WWDC（苹果全球开发者大会）上，苹果更是推出了下一代 CarPlay，如图 1-2 所示，支持车机内多个屏幕的场景，适应了现代车机多屏化的趋势。尽管功能越来越丰富，但因为超级 App 不是车机上直接集成的系统，需要和车企谈合作才能支持，而车企如今都在研发自主的车机系统，导致超级 App 的生存空间被压缩。

图 1-2　苹果的 CarPlay 2022

定制型和 ROM 型的操作系统能够更好地塑造品牌、打造竞争壁垒以便掌握话语权，在人机交互上能从底层实现更多创新的功能，比如多屏联动、多设备无缝切换等。而超级 App 是在汽车本身的软硬件还不成熟时高效获得丰富应用的方式，目前仍然有一定的应用空间。

从以上发展史可以看出，智能座舱在时代的红利下，正迎来一个蓬勃发展的时期，各大企业纷纷投入研发，通过各种方式抢占移动出行的流量入口。智能座舱发展日新月异，给用户带来了新颖的体验。

1.1.2　智能座舱 HMI 的发展趋势

人机交互（Human Machine Interaction，HMI）是一门研究系统与用户之间的交互关系的学科，与认知心理学、人机工程学、多媒体技术、计算机科学、设计学等学科深度交叉。在智能座舱的发展过程中，狭义的汽车 HMI 主要是界面（interface）设计，更多强调系统和用户之间进行交互和信息交换的媒介，比如中控屏、数字仪表还有语音交互界面，关注的是信息在不同媒介之间的信息流转，包括中控的布局、按钮、仪表的显示及语音交互界面设计等。广义的交互（interaction）更加宏观，强调不同技术、不同媒介、不同座舱布局等宏观信息给用户带来的主观感受，侧重的是人与自动驾驶系统、人与车机界面、人与其他车内硬件的交互体验。在硬件配置上，车内屏幕越来越大、越来越多，分辨率也越来越高。在软件配置上，车内的应用生态越来越丰富，满足了用户的多种需求。在交互模式上，多模交互、主动式交互让人机交互更加自然，给用户创造了更加轻松愉悦的出行体验。

大屏化以特斯拉作为开端。2012 年，特斯拉推出 Model S，全面取消中控屏物理按键，配以 17 英寸大屏，彻底颠覆车载中控设计理念。后续其他车厂纷纷跟进，车载屏幕逐渐向大屏方向演进。高工智能汽车研究院监测数据显示，2022 年上半年，中国市场乘用车新车标配搭载 10 英寸及以上中控大屏 467.77 万辆，搭载率达到 52.58%。新车型越来越多地把中控屏做成大屏，有的直接做成一块大的中控屏，比如极氪 001、问界 M5，有的则把中控屏、仪表盘、副驾屏做成一块大连屏，比如理想 ONE。屏幕的尺寸也越来越大，吉利星越 L 中控屏达到 1 米 IMAX 巨屏，福特 EVOS 搭载了 27 英寸 4K 显示中控大屏，凯迪拉克 Lyriq 搭载了 33 英寸一体显示屏。奔驰 EQS 搭载的 MBUX Hyperscreen 由 3 块屏幕无缝衔接组成，总体尺寸达到 56 英寸，如图 1-3 所示。比拼屏幕尺寸似乎成了一种潮流，车企用大屏来宣示自己的革命性变化。

图 1-3　奔驰 EQS 搭载的 MBUX Hyperscreen

如今屏幕不仅越做越大，还越做越多。在你想到或想不到的地方，都可能出现屏幕。液晶仪表盘、中控屏、副驾娱乐屏是最常见的，还有流媒体后视镜、后排操控屏、后排娱乐屏，甚至在车门上都能有一小块屏幕。理想 L9 搭载了 5 块屏幕，红旗 E-HS9 搭载了 8 块屏幕，高合 HiPhi X 搭载了 9 块屏幕，屏幕数量一家比一家多。车企似乎都在通过屏幕的数量和尺寸来告诉消费者："我很智能，我不便宜。"

在屏幕的操控上，车厂也是各显身手。智己 L7 和岚图 FREE 的大连屏都支持升降，降下去可以减少对驾驶员视线的遮挡，升上来可以显示更多信息。高合 Hiphi z 的中控屏甚至用机械臂来承载，能实现三维空间中的多维度移动和转动。即便这样复杂的操控可能需要翻倍的设计和开发工作量，车企依然愿意投入精力来展示其独特性。

在屏幕硬件升级的基础上，屏幕软件也日新月异，不仅能用更加智能精确的导航、环车影像等协助用户更好地完成驾驶任务，还通过音视频、游戏等应用让非驾驶任务更加丰富多彩。许多手机软件开始上车，QQ 音乐、微信、爱奇艺等让行车过程不再枯燥。Unity、Unreal 等 3D 引擎引入了座舱，拓展了更多的使用场景。中控、仪表等开始使用 3D 模型来直观地展示车辆状态。车门是否关好、后备箱是否开启、车辆周围有哪些车辆或行人都能清楚直观地看到。此外，还能拓展出一些游戏娱乐的场景。斑马与 Unity 合作开发的 IMOS 智能座舱，可实现全屏、跨屏的动态繁花盛开美景，并支持点触交互，花朵指尖绽放，营造独有的沉浸感官体验。随着 3D 技术的不断完善，未来还有更多可拓展的设计想象空间。

除了在车内有更丰富的应用之外，智能座舱也在拓展车外的场景。通过手机和车机互联，与智能家居联动等，打造无缝衔接的智能生活。

手机和车机互联让用户能实时掌控车辆状况。手机可以远程控制车辆的车窗、空调、门锁、座椅通风加热、方向盘加热等，并可实时查看车辆电量、胎压等情况。当你的车不在身边时，可以方便地进行远程操控。用户带着手机靠近车辆时，蓝牙钥匙功能能让车辆自动解锁，没有实体钥匙也可以启动车辆，这也为借车提供了方便。用户无须将实体钥匙交给借车人，而是直接通过手机授权，借车人用该车的 App 即可启动车辆。用完车之后，车主关闭授权即可收回权限。在华为的 Harmony 车机系统上，车机与华为手机的联动更加紧密，电话、视频通话可在手机和车机上自动转换。当驾驶员在通话时进入汽车,汽车就能识别到驾驶员在车内，通过车内摄像头和麦克风接管此次通话，不用驾驶员一直举着手机，给予用户无缝衔接的车内外生活。

另外，智能座舱也通过连接智能家居来实现车和家的互动。在车里可以实时查看家里家电的运行情况，控制灯、空调、电视、扫地机器人、电动窗帘、空气净化器等的开关。用户可以设置条件，比如在车快要到家时，开启智能家居的"回家模式"，系统会根据主人的行为和习惯，打开或关闭家用电器。也可以在开车上班离开家之后激活安全系统，实时监控家里的情况。华为鸿蒙OS、小鹏P7的"米家"应用系统、宝马的iDrive、奔驰的MBUX都能实现在车中对家里智能家居的控制。用户动动口就能知道家里灯是不是忘了关，并及时操作。随着智能家居的普及，能够预见的是，未来将会有更多的车型搭载智能家居解决方案，将车辆打造成智能家居的"移动中控"。

智能座舱的软硬件功能不断升级，最终都是为了服务用户。如何让用户在驾驶场景下用好这些功能而不影响行车安全，成为对设计师的一大挑战。目前车企多采用多模交互的方式来进行信息传达，尽量避免过多地占用视觉通道，避免分心和疲劳。语音交互是其中重要的一个模态，现在的车机系统，用户基本都可以用语音控制车辆开关窗户、调节空调温度和风速、开关座椅通风和加热、播放音乐、发起导航等，用户不需要再边开车边寻找各种操控按钮。另外，触觉模态也被用到交互中，用户通过方向盘、按钮、座椅、安全带、脚踏板等可以感受到触觉信号，无须看屏幕即可完成交互，更高效也更安全。

用户不仅可以主动发起指令进行交互，还可以被动等待汽车提供服务，汽车正在从被动式交互向主动式交互转变。主动式交互基于大数据和多种传感器，它以机器为起点，主动输出执行结果或使用建议给用户，用户根据结果或提供的建议完成具体的交互任务。在这个过程中，人的思考负担减少了，机器能主动猜测你有什么需求，并及时提供服务，成为一个贴心的好伙伴。上车前，汽车能通过传感器识别到用户靠近车辆，无须动作配合，即可主动为用户打开车门，快速登录车机系统，保障座舱系统高效运行。上车时，人脸识别、情绪识别、眼球跟踪等技术能够读懂用户当时的心情和精神状态，判断用户心情低落时，能主动和人聊天、播放有趣的内容等。当用户累了，还会为用户提供按摩服务。当用户心情比较好时，汽车会主动提供舒适的音乐推荐，同时通过调整座舱内灯光、温度、气味等来提供更好的乘坐环境。当监测到驾驶员昏昏欲睡时，系统会通过方向盘振动、播放音乐等来进行唤醒。目前，汽车可以通过DMS（Driver Monitoring System，司机监测系统）、OMS（Occupancy Monitoring System，乘客监测系统）、IMS（In-cabin monitoring System，车内监测系统）来实时监测车内驾驶员、乘客、宠物等的生理体征，并根据情况进行分神预警、疲劳预警、危险驾驶提醒、情绪识别安抚等。车内智能摄像头还能分析驾驶员面部血氧含量，测量心跳、压力、呼吸等生物体征，并对驾驶员的健康状态进行分析和提醒，在用户疏忽大意或行动不便时及时主动提供服务。

总体来看，智能座舱在朝着大屏化、多屏化、多模交互、主动式交互方向发展，车辆功能和应用逐渐增加，能够满足用户的多种需求。车不只是交通工具，更是用户出行的好伙伴。

1.1.3 智能座舱HMI的场景设计

汽车的功能最终都是服务于人的，人在不同的场景下使用车辆，可能是上班通勤、郊区短游、长途旅行等，不同的场景有不同的需求。进行场景设计时，需要考虑三要素：人、车、环境。用车人可能是年轻人、老人、小孩，可能是都市白领抑或企业老板，车内可能有1个人、2个人、3个人等，不同的人有不同的需求，人与人组合在一起又产生了更多的需求。其次要考虑车辆状态和周边环境，车辆可能处于播放音乐、蓝牙连接、加速、减速、倒车、驻车等状态。周边环境可能是高速路、收费站、城市道路、郊区等，天气可能是晴天、阴天、雾霾等。人、车、环境组合在一起，产生了无数的排列组合，用车场景复杂度较高，如表1-1所示。以下从几个核心场景举例讲解目前车企的解决方案。

表1-1 场景设计要素

环境			车	人	
时间	天气、气象环境	地点、路段	车辆状态	人物角色	行为、情绪、感觉
凌晨	晴天	收费站	L3自动驾驶	一人	补妆
清晨	炎热	社区	L4自动驾驶	一人带婴儿	照镜子
早高峰	阴天	充电站	远程控制	一人带幼儿	换装
日间	雾天	4S店	倒车	一人带青少年	换尿布
晚高峰	霜雪	大型商超	爬坡	老人一人	换隐形眼镜
夜间	雷电	车站	下坡	一人带宠物	加热水
深夜	冰雹	酒店	刹车	一人带二孩	喂奶
周末	雷雨天气	学校	急刹车	一人带多孩	吃零食
传统节日	阵风	公车站	加速	一人和朋友	用水杯喝水
西方节日	大风	便利店	变道超车	一人和亲属	喝咖啡、奶茶等
重大事件	雾霾	公园	紧急制动	一人和同事	抽烟
	雨夹雪	机场	ABS	夫妻	吃饭

续表

环境			车	人	
时间	天气、气象环境	地点、路段	车辆状态	人物角色	行为、情绪、感觉
	高盐雾	郊外人文景区	停车	夫妻带婴儿	看手机视频
	小雨	郊外自然景区	空挡滑行	夫妻带幼儿	听歌
	大雨	市内人文景区	左/右转	夫妻带儿童	唱歌
	阵雨	市内自然景区	并道	夫妻带青少年	玩手机游戏
	扬尘	办公楼	会车	老人夫妻	看书
	潮湿	医院	掉头	夫妻带宠物	聊天
	干燥	路口	碰撞	夫妻带二孩	打闹嬉戏
	闷热	桥梁	颠簸	夫妻带多孩	睡觉
	结冰	国道	点火		

1. 场景一：都市白领日常通勤

日常通勤是最常见的用车场景，用户开车过程中，导航是跟驾驶任务最直接相关的，导航体验的好坏直接影响驾驶感受。导航的路线是否拥堵、是否好开、导航的信息是否清晰展示、显示的位置是否在人眼舒适的视野范围内是重要的考量因素。日常通勤时，出发地和目的地相对明确，用户可以设置好家和公司的位置，通过说"回家""去公司"就能直接发起导航。通过大数据的统计分析，汽车还能根据用户上车时间和地点预判他想去的地方，主动询问是否要回家，用户只需回答"是"即可发起导航。导航过程中，能够提前帮用户规避拥堵路段。且对于新手司机，导航能推荐适合新手的驾驶路线，减少窄路、崎岖路段的推荐。结合HUD，导航信息能够直接展示在前挡风玻璃上，让用户能眼不离路安全驾驶。

开车过程中听音频是另一个重要场景，日常听新闻、听歌、听书是常用的功能。智能座舱不仅能够在用户发起指令时播放音频，还能在用户上车时，自动从上次音频断点继续播放，减少用户的操作。如果上次连接了手机蓝牙播放，下次上车时能自动连接蓝牙并播放，无须用户做任何操作。

忙碌的都市白领在开车过程中可能需要参加线上会议，智能座舱通过车载腾讯会议、车载钉钉、WPS等办公软件，为用户创造了移动办公的条件。上班迟到也不会错过早会，突破时间和空间的限制，实现高效办公。

2. 场景二：全家坐一辆车出游

周末或者小长假，带上家人一起出游是常见场景之一。全家男女老少，不同年龄、不同性别有不同的需求。首先对于空调温度，大家的舒适温度可能不同。不同位置的乘客能够通过语音直接调节本位置的空调温度，以及控制座椅通风、加热、按摩，享受最舒适的乘坐体验。此外，座椅的位置、角度调节能够适应不同人的需求。蔚来 ES8 的女王副驾、问界 M7 的零重力座椅更提供了极致舒适的乘坐体验。女王副驾通过增加腿托、脚托，以及可极大角度倾斜的靠背，让用户可舒服地半躺在车上，享受旅途时光。零重力座椅通过整个椅子的角度调节，能让腿部和心脏在同一水平线上，让臀部、腿部、背部来均匀分担身体的重力，从而模拟出"零重力"环境，让乘坐人达到最放松舒适的状态。

用户身体达到最舒适状态的同时，用户的心理也通过车内丰富的应用生态得到满足。用户可以用"QQ 音乐""网易云音乐"等听音乐，用"微信读书""喜马拉雅"等听书，用"凯叔讲故事"等给小孩讲故事，还能在娱乐屏上用"爱奇艺""哔哩哔哩"等追剧，甚至还能在车内打游戏、唱歌。在理想 L9 上，用户可以用中控屏、副驾屏、后排娱乐屏连接 Switch、手机、平板电脑、PS5、XBOX 等，如图 1-4 所示，通过车内的多块屏幕，坐在不同位置的家人都可以一起玩游戏，享受亲子陪伴时光。用户也可以把车变成移动的 K 歌厅，用"全民 K 歌""唱吧"等应用，结合车内氛围灯，享受一场氛围满满的 K 歌盛会。

图 1-4　在理想 L9 上玩游戏

全家出游时，若家中有小孩，他往往不会安安静静地坐在位置上，而是喜欢调皮捣蛋。车内智能语音能播放儿童故事，给小孩提供娱乐。当他用语音瞎指挥车内设备时，驾驶员可以关闭小孩所在音区的特定响应，让他无法操作车内设备，保障行车安全。蔚来的语音机器人NOMI通过萌萌的表情包、可爱的声音、上下左右转动的小脑袋，以及可自定义的帽子，吸引了小孩子的注意力，让他安静下来不调皮捣蛋。

3. 场景三：多个好友组队出游

在风和日丽的日子里，约上几个好友组队出游也是常见的场景。在多辆车共同前往某个目的地时，如何让车里的人保持通信不掉队，为用户创造一个美好的共同出行体验，是智能座舱要考虑的重要设计点。腾讯TAI 3.0利用腾讯天然的社交优势，为用户连接微信好友，可在微信好友中发起组队出行。一起出行的车辆能够互相看到对方的位置，同时，用户也可通过车载微信收发微信消息，互相语音聊天，确保大家走同一条路，不掉队。蔚来NIO OS 3.0也推出了组队出行功能，用户可以通过一个6位数口令自建队伍或者加入别的队伍，组队的人可以实时共享位置，也可以实时对讲，非常便于车友们组织活动，共同出游。

当到达目的地时，车辆可以开启露营模式对外放电，给其他电器供电，连接电热水壶、电磁炉、意式咖啡机等电器，享受一段悠闲美好的户外时光。组队出游也为车辆本身带来更多的曝光，给品牌带来知名度的提升及更多潜在用户。

4. 场景四：停车休息

坐在车里休息片刻，是远离工作喧嚣和家庭压力的宝贵时间。车里创造的宜人的氛围能让我们更好地放松休息。车内的香氛、空气净化器、可躺倒座椅、氛围灯、音乐等元素可以创造出令人心旷神怡的小憩环境。

智己L7在驻车时可以调节为小憩模式，如图1-5所示。小憩模式下，车门落锁、车窗关闭、屏幕熄灭、座椅靠背向后倾斜，并开启按摩功能，空调保持在合适的温度，香氛"柏木檀香"缓缓释放，音响可选择播放睡眠歌单，令身心彻底放松。在繁花模式下，还可以出现全屏、跨屏的繁花盛开的动画，结合香氛的飘香，音响播放《花与人》专属音效，仿佛置身美丽的花园中，给用户带来舒适放松的体验。

图 1-5　智己 L7 小憩模式

在小鹏 P5 中，甚至可以把车变成一张大床，铺上床单睡个觉。与其他车直接放倒座椅拼接大床不同的是，小鹏 P5 的 X-Sleep 睡眠场景在此基础上增加了充气床垫，如图 1-6 所示。床垫下面可以完美贴合座椅线条，上面则完全平整，用户躺在车上就像躺在床上一样舒适。铺好床之后，关闭天幕遮阳帘，大屏亮度调暗，助眠音乐和香氛也可以开启，创造一个舒适的睡眠环境。不睡觉的时候，还能打开车载投影仪和配套幕布，看看电影，看看球赛，俨然成了一个小小的私人影院。后排座椅中间还有个小车载冰箱，拿出一瓶冰镇饮料边喝边看电影，舒适至极。

图 1-6　小鹏 P5 的 X-Sleep 睡眠场景

蔚来 et7 则为用户提供了车机端的潮汐冥想 App，它有冥想、小憩、呼吸三种模式可供用户选择。在小憩的模式下，会缓缓放下的座椅，播放山泉、林海、鸟鸣等声音，用户可以让自己沉浸在安静、惬意的智能睡眠舱中。用户可以自己设定小憩时长，在时间结束时，闹钟会响起，座椅会回到原来的位置，将用户唤醒。冥想模式是 10 分钟的短暂休息，通过自动关窗、关灯等营造出安静的物理环境，打造一个闹中取静的移动冥想室。呼吸模式则是通过引导用户缓慢而有意识地一呼一吸，帮助用户彻底放松身心，进而舒缓压力，恢复身体的最佳状态。

通过对用车人的深度理解，对用车场景的深度挖掘，车企能够更精准地开发功能来满足用户需求，击中用户痛点，在特定领域形成口碑，为用户带来更美好的用车体验的同时，也带来更高的销量。

1.2 智能座舱 HMI 中的机会和挑战

智能座舱的发展机会，主要来自政府的大力支持及技术、市场的成熟。在政策上，政府为支持智能汽车产业高质量发展，陆续颁布《车联网（智能网联汽车）产业发展行动计划》《智能汽车创新发展战略》等政策，鼓励智能汽车及相关产业的发展。在技术上，人工智能、大数据、物联网、云计算、车载高精度传感器、车规级芯片等的发展，为智能座舱的快速发展提供了强大的技术支撑。高可靠、低延时、大宽带的 5G 通信技术的应用，能够实现车与车、车与路、车与人之间的实时通信，为丰富的车联网场景提供了重要的技术支撑。随着技术的发展，中控屏、液晶仪表、HUD 和娱乐屏等实现多屏融合，能够打破不同系统之间的技术壁垒，实现多屏联动。此外，电子后视镜、流媒体后视镜等也逐步发展，在视觉算法的加持下，成像更清晰，视野更广。技术的发展为智能座舱的发展奠定了基础，为新功能的推出创造了更多可能性。

在市场接受度上，智能手机的普及让用户习惯了在大屏上操作，对实体按钮的需求减弱。这也让智能座舱的大屏化、多屏化更容易被用户接受。调查中显示超过 80% 的用户对座舱智能配置表现出了强烈的购买意愿，其中对信息娱乐系统、HUD、中控智能屏幕的购买意愿相对其他智能产品的呼声更高，预计未来消费者对手机应用的喜好会迁移到车机的信息娱乐系统上，如导航、音乐、视频、微信等社交功能软件。尽管很多实体按钮的取消可能对驾驶安全有影响，但消费者仍然乐此不疲。智能座舱因此也获得了很多创新的机会。

在多方利好的加持下，智能座舱的创新日新月异，然而其发展还处于较早期阶段，整体还不够成熟，如今仍面临着许多挑战。

1.2.1 驾驶安全的挑战

智能座舱的设计创新一方面给用户带来了丰富的体验，另一方面却对驾驶安全造成挑战。首先在配置上，大屏取代实体按钮的做法减少了驾驶员盲操作的可能性。当驾驶员低头查看仪表盘上的信息时，所消耗的时间为 1～3 秒。以城市道路的平均车速 60km/h 来计算的话，注意力离开路面 1 秒就相当于闭着眼睛行驶了 17 米。屏幕内容是否清晰、交互方式是否简单直接、设备响应时长是否足够短，这些都会影响到操作时间，从而影响行车安全。屏幕上丰富的应用给车内驾乘人员提供了多种娱乐、生活的可能性，乘客可以唱 K、看剧、玩游戏，但过多的信息可能导致信息过载，以致驾驶员对突发事件响应不足。

驾驶任务的多样性也对驾驶安全构成挑战。驾驶场景中拥有自然环境、车况、路况、司机驾驶水平、紧急情况等若干个参数，每个参数结合在一起可以得到数不尽的驾驶场景。在《汽车人因工程学》中，作者盖伊·H. 沃克设计的驾驶层次任务包含了 1600 个子任务和 400 个计划，涉及驾驶前的准备阶段、驾驶时的操控、驾驶后的停车离开等。而一旦系统中缺少了对某种场景的预判，就可能对行车安全造成威胁。

目前，智能座舱通过几种方式来应对驾驶安全的挑战。HUD 的应用在某种程度上减少了分心，让驾驶员眼不离路就能获得重要的车速、导航等信息。多模交互通过语音、震动、手势等方式来弥补大屏操作的不足，减少分心的可能性。车机芯片、算力的提升让系统更流畅，响应更快。辅助驾驶系统通过大数据不断学习新的场景，避免在新场景时发生危险。

此外，限制驾驶员在驾驶状态的行为也是应对驾驶安全挑战的方法。美国国家道路交通安全管理局（National Highway Traffic Safety Administration，NHTSA）制定了车内电子设备指南，对车内电子设备交互行为的安全性做了相应的指导，用以下几条要求来规范驾驶行为以及指导座舱设计。

1. 原则性要求

- 驾驶员的眼睛应该一直注视着前方道路。
- 驾驶员在执行次要任务时应该保证至少一只手在方向盘上（无论是执行驾驶相关的任务还是不相关的任务）。
- 驾驶时执行的任何次要任务引起的分心不应超过与基准参考任务（手动收音机调谐）相关的分心。
- 司机执行的任何任务在任何时候都应是可中断的。
- 驾驶员而不是系统/设备控制任务交互的速度。
- 显示器应便于驾驶员查看，显示的内容应易于识别。

2. 体验设计要求

- 对于视线偏离：规定驾驶员执行任务时视线偏离道路的时长：平均视线偏离时间不超过 2 秒；85% 的视线偏离时长不超过 2 秒；累计视线偏离时长不超过 12 秒。或者是利用视觉遮挡技术得出需要保证驾驶员在一系列 1.5 秒的视线偏离内完成任务，而累计视线偏离不超过 9 秒。
- 对于手部偏离：所有设备功能都不能使驾驶员使用超过一只手操作。
- 对于设备：建议每个设备的主动显示器应尽可能靠近驾驶员的视线。

3. 设备响应要求

指南建议车内电子设备对于系统输入的最大系统响应时间不应超过 250ms。如果系统响应时间预计超过 2s，则应显示一条消息，指示系统正在响应。

许多国家也已经为驾驶行为做了相应的立法，对于驾驶过程中拨打电话、浏览电子设备、收发短信等行为做出了明确规定。相应的，在智能座舱 HMI 的设计上，也会对驾驶员的行为做出限制。比如，在车速大于 15km/h 时，自动收起 360° 全景影像。在驾驶状态下，中控屏禁用视频播放功能，减少驾驶员分心看屏幕的可能性。当有来电时，通过方向盘按键而不是中控屏来控制接通或挂断。车内收发信息通过语音交互配合方向盘按键，避免司机打字发消息的情况，减少分心。

系统还需实时监测驾驶员的生理、心理状态，来保证其驾驶的安全性。当驾驶员出现疲劳、酒驾、手离方向盘等危险情况时，系统应当通过相应的操作来解除危险。目前车内的 DMS 系统可以对驾驶员进行疲劳监测、分心监测、危险行为监测等，根据驾驶员的闭眼、打哈欠、视线偏移、人脸角度偏移，以及危险动作如抽烟、打电话、饮食等行为，结合行车时间、行车速度等因子，来判断驾驶员的状态，并给予相应的提示，如声音警报、语音警报、安全带收紧、仪表警报等。

驾驶安全在智能座舱设计中至关重要，它可能不像炫酷的屏幕那么直接可见，但它默默地在保护着驾驶员和乘客的安全。智能座舱 HMI 在做创新和吸引眼球的亮点时，应当时刻考虑其对驾驶安全的影响，不能喧宾夺主。

1.2.2 智能驾驶的挑战

智能驾驶的 L0 ~ L5 级别，对应着不同的设计需求。当前绝大多数车辆的智能驾驶水平处于 L2 ~ L3 级，汽车可以完成车道保持、自适应巡航等功能，能让驾驶员从一些驾驶任务中解脱出来。但是智能驾驶的不成熟以及其行为的不可预测性让人产生不安，很多人不信任智能驾驶，导致智能驾驶的使用率不高以及使用过程中产生紧张焦虑的情绪。在设计智能驾驶体验时，需要在满足用户的安全感的基础上去做设计，通过提升驾驶员的掌控感可以满足其安全感需求。

掌控感首先体现在启动和接管智能驾驶上。启动辅助驾驶的操作方式应当简单直接且不易误操作，启动之后的提示可结合语音提示、视觉提示来告知用户已在辅助驾驶状态中。在辅助驾驶时，让驾驶员可以方便快捷地调节车速、跟车距离，这些都能给驾驶员掌控感。仪表盘可通过路况显示、即将要完成的动作提示等方式来给驾驶员建立预期，避免出现出乎意料的驾驶行为。此外，驾驶过程应当更符合人类的习惯和预期，从而在用户心中建立起信任。比如在前车加塞的场景下，智能驾驶是应刹尽刹，优先保障安全，还是与前车博弈，减少刹车从而让用户更舒适，智能驾驶系统需要做到微妙的平衡。当车辆在和大车并行的情况下，人类驾驶员会感到压迫感和恐慌感，智能驾驶系统能否考虑到驾驶员的心理感受，把车辆稍微往大车的另一边偏移，而不是保持在车道正中间。同时配合车载中控屏、语音、座椅和安全带等的交互，让用户对智能驾驶有清晰的掌控感。

对于 L2～L3 级的智能驾驶，驾驶员必须保持对周围环境的监测，随时准备好接管车辆，对大多数关键安全功能负责。因此，如何顺滑地让人类接管车辆也是一大挑战。在智能驾驶开启一段时间后，驾驶员往往会放松警惕。当前面突然出现智能驾驶无法识别的障碍物，需要驾驶员立马接管车辆的时候，往往需要较长的反应时间。驾驶员需要马上判断车辆所在车道、车速、距离障碍物的远近、周围车辆的车速、当前是否在智能驾驶状态等信息，并及时进行操作。系统在需要用户接管时，应当提前提示，给用户预留足够的反应时间，接管操作要自然且不易误操作，在接管后通过适当的反馈来告诉用户已完成接管。提醒接管的视觉和语音提示应当更强烈，音效短促有力，视觉变化明显，避免驾驶员因分心而忽略提示。

现有的车型在智能驾驶的功能体验上还存在一些问题。用户学习成本高，应急辅助类的预警和制动机制复杂，用户难以全部掌握，若系统失效或超过限制，用户无法感知；辅助驾驶图标对应了大量图标，用户须记住每个图标的含义，区分待激活态、激活态、故障态等，不常使用的图标会带来理解问题，对驾驶造成干扰，增大驾驶员的认知负荷；当前声音提示多且缺乏排序，当多个 ADAS

（Advanced Driving Assistance System，高级驾驶辅助系统）功能同时触发声音，且与车内导航、音乐并发时，缺少优先级，用户难以分辨；当处于 L2 级以上驾驶场景较长时间，用户容易困倦、放松警惕，甚至过度信任而松开方向盘，导致对突发事件响应不足。

智能驾驶的出现一方面提升了驾驶体验和驾驶安全性，另一方面也带来新的挑战。随着智能驾驶等级的逐步提高，智能座舱所面临的挑战又会不一样。当等级提升到不再需要用户随时准备接管车辆的时候，面临的挑战则会变成如何为用户创造更美好的出行体验。

1.2.3　信息安全的挑战

随着汽车智能化、网联化的发展，车辆定位、导航、远程控制和诊断功能已逐渐普及，用户每次出行的路线、车速、驾驶习惯等数据都能存储在云端，车内摄像头也会采集驾驶员人脸信息、道路环境的信息等。这些功能一方面给用户带来极大的便利，可以随时在手机上查看车机的状态、进行远程操控，另一方面也带来了极大的安全隐患。一旦车机系统被黑客攻击，轻则造成数据隐私泄露，重则影响行车安全。

2019 年，以色列一家网络安全公司 Regulus Cyber 发现，利用"无线和远程方式"可攻击特斯拉 Model 3 和 Model S 的 GPS 系统，使车辆驾驶辅助功能、空气悬架工作异常，在行驶中出现突然降速或转向偏离车道等情况。2011 年，安全情报专家 Charlie Miller 和 Chris Valasek 博士成功"黑入"一辆丰田普锐斯和福特 Escape，禁用了车辆的动力转向系统，控制了车辆喇叭，还把仪表盘搞得一团糟。2022 年 1 月，19 岁德国少年 David Colombo 声称自己通过软件漏洞攻破了特斯拉系统。短短数日，他就入侵了 13 个国家中的 25 辆特斯拉汽车，并完成了远程打开门窗、控制音乐音量，无须钥匙就能启动汽车等操作，此外，他还表示能够关闭车辆的安全系统。当车辆正在行驶时，如果遇到这样的黑客入侵，对驾驶安全将造成极大的隐患。如何避免黑客攻击，保障驾驶安全，任重而道远。

此外，车内人的隐私也是一大关注因素。一辆车往往不止一个人使用，当多人同乘，或者临时借车给其他人时，如何保障各个角色的隐私，是智能座舱 HMI 的挑战之一。目前，一些车型可以通过车内摄像头识别驾驶员身份，自动切换账号，不同账号的信息相互隔离，保障隐私仅自己可见。且车主可对车内应用设置一定的权限，当其他人借车使用时隐藏敏感信息，比如通讯录、历史导航记录、家庭单位地址、行车记录仪历史数据等。借车人也可以在离车时退出账号，即删除本账号在车上的数据，车主也无法看到借车人的隐私信息。

当车主自己一个人驾驶汽车时，可自在听音乐，外放式地接打电话。但若有其他人同乘时，如同事或朋友搭车，外放声音接打电话可能会尴尬，也可能不想让同车人看到自己车上的来电通知、历史通话记录、历史导航记录、目的地搜索记录等。目前一些车型可以设置主驾隐私模式，在该模式下，当车内有多人同乘时，车上将自动隐藏个人敏感信息，同时来电通知仅在仪表屏显示。

用户用车有多种场景，在大屏化、多屏联动、网联化的背景下，如何保障每个人的隐私，仍是智能座舱 HMI 面临的挑战之一。

1.2.4 人因工程的挑战

智能座舱的人机交互设计，不得不考虑一个重要的因素——人因工程。人因工程学是一门研究人 - 机 - 环境三者之间相互关系的学科，简单理解的话，人因工程学研究人的身体构造和功能、生理学以及心理学特点与特性，从而了解人的能力与极限，以及人与工作系统中其他元素的关系。人作为生物，有各种生理和心理上的特征是机器所不具备的，设计智能座舱时需要充分考虑人的特点。

首先需要考虑的是人体尺寸和人眼特征。当坐在车里时，驾驶员在座舱里的操作是在空间内进行的，手部操作空间、视线范围都有一个最舒适的范围，设计师可以依据这些理论来合理布置信息的位置、大小，做出更舒适的交互体验。

其次需要考虑人的心理特征。人在驾驶时，可能出现分心、疲劳、烦躁等情况，在不同的状态下，对同一个驾驶任务的响应速度、响应方式可能有所不同。智能座舱 HMI 应当考虑驾驶员的心理状态，结合 DMS 系统，设计出尽可能保障驾驶安全的产品。多重资源理论表明，不同任务对注意力资源的分配是不同的，所造成的干扰程度也不同；耶德 - 道德森定律表明动机强度与工作效率之间不是一种线性关系，而是一种倒 U 形曲线关系，即中等强度的动机最有利于工作的完成；SRK 模型表明基于技能的操作对人的工作负荷最低，形成了习惯的行为对人的注意力要求最低，而基于知识的操作，对人的工作负荷和注意力要求最高。

从以上理论可以知道，同一个驾驶任务对于新手司机和老司机的难易程度和干扰程度是不同的。新手司机的驾驶操作仍处于知识层面，这时新手司机的工作负荷和注意力要求是很高的，其他事项很容易影响到新手司机导致认知资源过载，很容易发生危险。但对于驾驶熟练的老司机来说，驾驶操作已经成为技能，他无须将大部分的认知资源放在路面上，这时许多简单的任务可以同时进行，他可以在处理非驾驶任务的同时，通过余光来留意前方的路况，从而判断是否继续完成当前任务。

综合人因工程的理论，设计师做设计时，需要考虑空间尺寸是否符合人体的基本尺寸，多模态交互的多种模态是否合理配置而不会互相干扰，驾驶任务的难易程度是否在一个合理的范围内，既不会太难导致分心，也不会太简单导致放松警惕，同时考虑对新手司机和老司机的影响。

总的来说，智能座舱的发展正处在一个时代的红利期，各种机会不断，但其所面临的挑战也很多。新事物总是在克服一个个困难后逐渐成熟的，相信随着技术的发展，智能座舱将会得到更好的发展。

第 2 章

智能座舱中的人因学

2.1 什么是人因学

2.1.1 人因学的基本概念

人因学（Human Factors）是随着工业化水平提升和科技进步而发展起来的一门综合性学科，其涉及多个学科领域，包括心理学、社会学、工程学、工业设计、用户体验等。因此，要给人因学下一个准确的定义不太容易，目前学界普遍认可的是国际工效学联合会（International Ergonomics Association，IEA）在2000年给出的表述："人因工效学（人因学）是研究系统中人与其他要素之间交互作用的学科，并运用相关原理、理论、数据与方法开展系统设计以确保系统实现安全、高效且舒适的目标。人因工效专家致力于任务、工作、产品、环境和系统的设计和评估，以使其与人的需求、能力和局限性相兼容。"[①]

从上述定义可以看出，只要是设计供人使用的产品、流程或系统，都需要考虑人因学。"人与其他要素的交互"可以简要概括为"人-机-环境"系统。人通常指一定环境条件下使用或不使用"机器"的人，如执行驾驶任务的司机、座舱内副驾或后排的乘客等；机指人所使用、控制的一切客观对象，如产品、工具、技术过程、服务、软件、任务、组织设计等；环境包括由声、光、电等物理因素构成的物理环境和由社会关系、工作氛围等构成的社会环境。

其中人是核心——人不仅可以操作和控制机器，也可以创造和选择环境。但人本身是有局限的，超过一定的生理或心理限制会疲劳、紧张，长期从事重复性工作会情绪低落、分心。在实际生产设计中，必须充分认识并考虑人的生理及心理能力和特性，设计出合理的任务，良好的工作方式、环境和氛围，充分发挥人

---

① International Ergonomics Association，https://www.hfes.org/About-HFES/What-is-Human-Factors-and-Ergonomics.

的积极性,以达到人因学的目标:

- **安全(Safety)**:保证系统的安全性、可靠性,消除隐患,防止错误和事故发生。
- **高效(High Performance)**:确保系统具有高效能,包括降低人的学习、工作负荷,提高学习、工作绩效。
- **宜人(Well-being)**:创造有利于学习、工作的环境,满足人的多层级需求,包括安全与健康、满意度、愉悦(审美)、价值实现与个性发展等,增加人学习和工作的舒适性。

2.1.2 人因学的发展历程

人因学的发展伴随着历次工业革命,随着技术进步带来的人机关系演变而不断发展。在第二次、第三次工业革命期间,人因学经历了三个阶段:经验人因学阶段、科学人因学阶段、现代人因学阶段[①]。近年来,随着大数据和AI技术的快速发展,人因学进入了智能人因学的新阶段。人因学的发展阶段如表2-1所示。

表2-1 不同人因学阶段的人机关系和研究范畴

技术阶段	1.0 蒸汽时代 1760—1840年	2.0 电气时代 1840—1950年		3.0 信息时代 1950—2013年	4.0 智能时代 2013年至今
		1890—1939	1939—1950		
人因学发展阶段	—	经验人因学	科学人因学	现代人因学	智能人因学
技术特征	—	机械化 机械技术等		计算机化 计算机技术等	智能化 人工智能、大数据技术等
人类角色	—	操作者		监控者	合作队友
机器角色	—	工具		辅助工具	合作队友
人机关系	—	人与机器交互		人与计算机交互	人机组队式合作
核心理念	—	培训操作者,让人适应机器	机器适应人	强调人机系统中"人"的重要性	新型人机关系:人机组队式合作

---

① 王秋惠,王雅馨.智能人因学内涵、方法及理论框架[J].技术与创新管理,2022,43(1):55-62.

续表

人因学研究领域	—	管理工效 组织工效 职业要求 人力规划 工作条件	人与静态视觉显示界面、人与传统控制器、人与环境（一般属性及影响）	人-机-环境：人机系统 人-机：人机协作,人机安全,人机交互,作业空间,姿势及绩效,事故分析 人-信息：人机交互 人：人体尺寸与认知	人-机器人-环境：人机共融 人与机器人：人机共融,人机协作,人机安全,人机交互,感知与建模,视觉认知,情感认知 机器人与机器人：机机共融 人：人的情知特性和生理信息

1. 电气时代的人因学

19世纪末至20世纪早期，是人因学的萌芽期，即经验人因学阶段（1890—1939年）。这个阶段正处于第二次工业革命（1840—1950年）中期，该阶段的机器设计着眼点在于力学、电学、热力学等工程技术方面的原理设计。其人机关系的核心理念是以培训操作者为主，使人适应机器。经验人因学阶段的研究内容主要包括管理工效、组织工效、职业要求、人力规划、工作条件等方面。

第二次世界大战期间（1939—1945年），军事武器与装备设计领域出现了复杂的人机问题，即使是经过选拔和训练的操作人员也很难适应，引发了很多事故。欧美政府、军事界、军工界开始意识到武器装备必须符合操作者的身心特点才能安全有效地发挥其性能。此时，人因学走向第二个阶段：科学人因学阶段。"使机器适应人"的理念逐渐取代了经验人因学"让人适应机器"的思想。

从"二战"后到20世纪50年代末，人因学研究应用逐渐由军事领域转向民用领域，工业与工程设计中的人因学成为当时研究热点，受到工程技术人员、医学家、心理学家、生理学家的广泛关注。1945年，美国军方成立了工程心理学实验室，自此开始较系统的人因工程研究，研究者主要是心理学家，他们主要从人类信息处理的角度出发，研究设备和工艺设计上的问题。大约在1949年，人机工程学在欧洲国家出现，它以改善工业工作场所和提升作业效率为目标，重点放在生物力学的应用上。

2. 信息时代的现代人因学

20世纪60年代初，第三次工业革命爆发，正值"二战"后欧美各国大规模经济复苏发展期。伴随信息化技术、计算机科学、自动化和机器人等科学的发展，人因学得到了更多发展机会，开始由第二阶段转向第三个阶段：现代人因学阶段。

总体而言，与前两个阶段相比，现代人因学研究重点由传统机械装备的物理介质，开始转向信息化特征的软件界面、网络界面等数字显示装备的人因工程设计、人机交互设计。另外，随着认知神经科学的发展，人因研究开始注重或考察新界面设计操作的内在机制。该阶段着重研究以"人"为核心的作业空间安全设计、作业空间虚拟评价、作业姿势分析、人体数字模型构建、作业绩效评估、事故分析与预测、人的认知、人的行为、人机安全、人机交互（人与机械、计算机、信息交互），强调人机系统中"人"的重要性。

3. 智能时代的智能人因学

随着人工智能技术的发展，自动化和信息化高度融合渗透，智能机器人、智能计算、大数据以及生物技术等新兴科学正以极快的速度形成巨大产业能力和市场。自动化技术逐步向自主化技术发展，人机系统中的人机关系、操作者的工作性质和人机角色也在逐步发生很大的变化。人因学发展到了第四阶段：智能人因学阶段。

不同于自动化，智能系统借助机器学习算法和大数据训练等手段，具备了某些类似于人类认知、独立执行、自适应等能力的自主化特征。人类与智能系统之间不再是单向的人操作并监控系统，而是走向类似于人与人在团队中的"合作式交互"，表现为双向协作、共享互补等新阶段的人机关系[①]。其中最典型的就是汽车驾驶自动化的发展——在特定场域，已经能实现人机共驾甚至车辆完全自动驾驶。自动驾驶模式下，汽车（智能系统）可以通过传感器感知周边环境，自主做出横纵向控制决策并执行，驾驶员只需要保持监控，在系统无法处理时重新接管驾驶任务。在高速道路等相对简单的交通状况下，这种新型人机共驾方式能有效减轻驾驶员的操作负荷。当然，这种新型人机交互关系也存在挑战，包括如何在紧急情况下进行人车控制权的有效切换、人机信任、情境共享、协作方式和社会伦理等，这些因素将直接影响人机组队式合作的团队绩效。

---

① 葛列众，许为，宋晓蕾. 工程心理学. 第 2 版 [M]. 北京：中国人民大学出版社，2022.

2.1.3 人因研究的价值和意义

从人因学的发展历程可以看出，人因学的研究内容随着社会生产关系的进步和人机关系不断发展而变化，虽然早期人们试图"让人适应机器"，但后来由于机器的复杂度远超过人类的生理及心理特点，要想人机系统运转良好，必须"让机器适应人"。自此以后，人因研究秉承"以人为中心"的设计理念，让科技回归到以人为本的初衷，让人类创造的机器、产品和服务能更好地服务人类，提升人类的操作绩效，消除安全隐患，使人类获得安全和高品质的生活，促进人类社会与自然的和谐发展。

人因学能打造体验优秀的产品、系统和服务。以人为中心的设计理念，要求在产品全生命周期的设计研发过程中考虑人的生理尺寸和心理特点，量体裁衣般打造满足用户多层级需求的产品。这样的产品用户往往更容易学会，使用中也不需要付出超出人体负荷的努力。另外，符合人因要求的产品整体使用过程更加轻松、舒适和方便，因而更有效率，也更加安全。

人因学能降低开发成本。在设计过程中，尽早引入人因研究，能更顺利地开发出更优质的产品、系统或服务，避免昂贵和费时的再设计。如果在产品投入使用后才发现并着手解决问题，前期投入的巨大人力、物料和资源将会被浪费，对于汽车等涉及多个环节的复杂产品，后续问题改进的成本往往不低于重做。数据统计与分析表明，如果在产品设计早期就考虑人的因素，研发费用投入仅占总投入的2%，但如果在发现产品问题后再投入人因改进，投入费用将达到总费用的20%。

人因学能促进人与自然的和谐发展。人因工程追求高安全性、高效率、高满意度、人机融合等，不仅能提升"人-机-环境"系统的性能，还能减少人力和原材料的浪费，提高社会资源的利用效率，让我们创造的产品和服务更有利于人的身心健康，使人们获得安全感和高品质的生活。

2.2 智能座舱为什么关注人因学

2.2.1 智能座舱人因学的挑战增多

汽车是大规模生产的民用产品中最为复杂的消费产品，是一个涉及典型显示-控制及各类软硬件的综合"人-机-环境"系统，需要多门学科多个团队的合作，也需要综合协调多种需求（如客户、工程制造和标准法规等），以满足使用者（驾驶员、乘客等）对汽车的使用需求。随着智能技术的发展，汽车已不再只是满足出行需求的交通工具，不同类型的系统（如信息娱乐、驾驶辅助系统等）被引入座舱，极大地提升了驾乘的舒适性和综合体验，同时也带来了很多新的人因问题和挑战。笔者概括了智能座舱人因研究的范畴和目标，如图 2-1 所示。

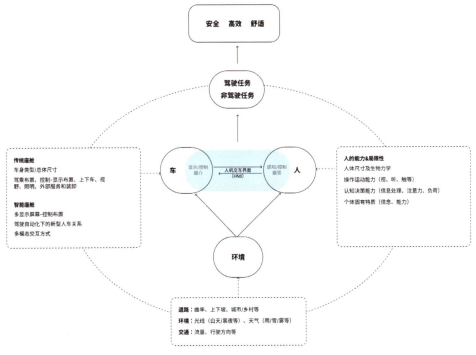

图 2-1　智能座舱人因研究的范畴和目标

智能座舱人因研究的目标首先应遵循人因学的研究目标，即需要保证整体系统安全、高效及舒适，并在智能座舱这一特定的人 - 机 - 环境系统中侧重不同。

- **安全**：对于汽车，安全是第一位的，包括座舱内驾乘人员的安全及座舱外其他交通参与者的安全。座舱设计要保证驾驶员能通过与座舱软硬件的一系列互动，不出错且不受伤害地完成各种驾驶任务。
- **高效**：座舱设计（包括底层技术能力、信息展示、交互操作、座舱屏幕布置等）能帮助驾驶员便利地、高绩效且低负荷地完成当前驾驶任务和整体驾驶目标。
- **舒适**：让驾驶员和乘客有舒适的活动空间，可以通过舒适的姿势和动作，准确无误地操作汽车、完成其他任务，以保证驾驶员和乘客在驾驶行程中的舒适性、愉悦性。

为实现智能座舱的设计目标，我们需要从人 - 机 - 环境的角度分别去考量人因学的研究范畴，梳理设计中需要考虑哪些因素，以及这些因素对整体驾驶活动的影响。这里仅作概述，在后续的章节中我们将具体拆解如何从人因学的角度进行详细的人机交互设计。

- **人**：座舱的人包括驾驶员和乘客，其中驾驶员作为座舱的主要操作者，是汽车人因研究的主要对象。座舱设计中一般会着重考虑驾驶员的特征和局限。特征指有个体差异的内在因素，包括驾驶员的个人特质，如年龄、性格、对驾驶的信念和看法等，这些特质一旦形成较难改变；另一类可以通过培训和实践提升，比如完成驾驶任务的能力和驾驶经验等。局限指人类这一物种整体性的生理和心理限制。生理限制主要指人体测量特征，包括静态尺寸和工作姿势下的功能性人体尺寸。心理限制主要指人的认知、信息处理能力，涉及通过各种感觉器官（眼、耳、关节和前庭神经组织等）采集信息，对不同的信息，根据工作记忆和长期记忆进行模式匹配，做出相应的决策，然后做出相应的动作和言语响应。座舱人因设计需要综合考虑人的特征和局限，确保所预期的大部分用户都可以适应，感觉舒适，并高效地完成座舱相关操作任务。而智能化时代，还需要考虑新型的人机协作关系，人因学的研究重点包括人的心理结构匹配（态势感知、人机信任）、人车控制权的转化等问题。

- **环境**：不同环境对人的特征和局限有所影响。在汽车座舱设计中，需考虑影响驾驶员完成驾驶任务的各种驾驶环境，包括道路、自然和交通环境。道路环境主要指不同的道路情况，比如道路的曲率、上下坡、城市或乡村道路，都会影响驾驶任务的执行方式。自然环境是指白天 / 黑夜、室内 / 室外、隧道等不同的光照环境，会影响座舱内的信息识别和交互操作效率；晴天、雨雪雾等不同的天气状态，也会影响座舱外驾驶员视野的能见度，甚至会影响汽车本身的性能。交通环境是指道路上的交通流量、行驶方向（同向或对向）、其他道路交通参与者（行人、自行车等）等不同的道路复杂度会影响驾驶任务的难度和认知负荷。

- **汽车（座舱）**：综合考虑在不同驾驶环境下的人的特征和局限，根据汽车的类型和定位，综合考虑汽车座舱的布置和设计，以实现驾乘舒适性、视野可视性、操作便利性。其中汽车的总体尺寸，座舱空间的驾乘布置，控制显示、上下车、视野照明等车内设备、子系统设计，传统座舱已经有相对充分的人因研究，以及成熟的设计方法和工具沉淀。而智能时代的座舱、人机交互的媒介越来越复杂、立体，驾驶自动化重新定义了人车协作关系，新驾驶模式也带来了新的任务操作，在传统座舱人因研究的基础上，智能座舱还需要重点关注多屏幕布局、多种控制方式的选用、多模态交互的布置，以及满足驾驶自动化开启、接管等新任务的操作控制等。

2.2.2 智能座舱任务多样化

座舱人因学的研究，是为了保证座舱中的人能高效无误地通过一系列的人车互动去完成其想要进行的各种任务，满足其不同的需求。相对于火车、飞机等交通工具，私人汽车的驾驶并没有极其严格的操作规范和准则，虽然驾驶员的主要任务是驾驶汽车，但仍然可能进行其他非驾驶相关任务。图 2-2 简要概述了按 SAE（Society of Automotive Engineers，美国汽车工程师学会）自动驾驶标准分级下的车辆能力，以及对驾驶员的需求。可以看出，随着智能化、自动化的发展，座舱所能提供的功能更加丰富，驾驶员和乘客所能从事的任务也更加多样。

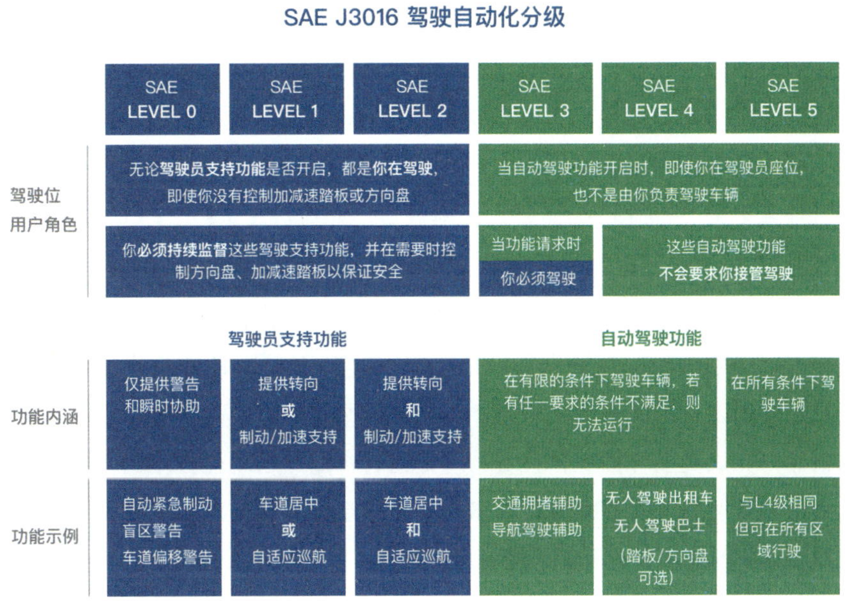

SAE J3016 驾驶自动化分级

	SAE LEVEL 0	SAE LEVEL 1	SAE LEVEL 2	SAE LEVEL 3	SAE LEVEL 4	SAE LEVEL 5
驾驶位用户角色	无论驾驶员支持功能是否开启，都是**你在驾驶**，即使你没有控制加减速踏板或方向盘			当自动驾驶功能开启时，即使你在驾驶员座位，也不是由你负责驾驶车辆		
	你必须持续监督这些驾驶支持功能，并在需要时控制方向盘、加减速踏板以保证安全			当功能请求时**你必须驾驶**	这些自动驾驶功能**不会要求你接管驾驶**	
	驾驶员支持功能			自动驾驶功能		
功能内涵	仅提供警告和瞬时协助	提供转向**或**制动/加速支持	提供转向**和**制动/加速支持	在有限的条件下驾驶车辆，若有任一要求的条件不满足，则无法运行		在所有条件下驾驶车辆
功能示例	自动紧急制动盲区警告车道偏移警告	车道居中**或**自适应巡航	车道居中**和**自适应巡航	交通拥堵辅助导航驾驶辅助	无人驾驶出租车无人驾驶巴士（踏板/方向盘可选）	与L4级相同但可在所有区域行驶

图 2-2　SAE J3016 驾驶自动化分级标准

L0 无自动化的阶段，驾驶员需要完成全部的驾驶任务，包括主要驾驶任务和辅助驾驶任务。主要驾驶任务指驾驶员保持对交通或其他潜在危险的警惕，并对车辆的横向（变道、转向）和纵向（加减速）控制。辅助驾驶任务指提高驾驶绩效或安全性的功能，如打开车灯、开启辅助驾驶、打开雨刮器等。除了驾驶任务之外，驾驶员也可能从事与驾驶无关的活动，例如操作空调或信息娱乐系统、与乘客或电话交谈、吃东西等。这个阶段面临的最大问题是执行非驾驶相关任务时造成的分心。

L1～L3 阶段，随着自动化的发展，特定条件下的车辆（自动化系统）逐步具备自主纵向加速和横向转向的能力，驾驶员可以不用执行全部的主要驾驶任务，只需要保持不同程度的注意力，在车辆需要接管时快速恢复驾驶。而随着智能化的发展，很多辅助驾驶任务，比如打开车灯、调节车灯亮度（近光/远光）等可以由系统根据当前定位和环境数据自动完成，或者在特定条件下系统主动推荐驾驶员完成，不再需要与手动驾驶阶段类似的时间和注意力。智能座舱中的驾乘人员可能会从事更多的非驾驶相关任务，这些非驾驶相关任务对驾驶安全有一定的影响，主要是对驾驶态势的感知、接管和负荷不足导致的分心。

而在 L4 及以上阶段，车辆可以自主完成几乎所有驾驶任务，不需要实时监控以准备接管，驾驶员的驾驶职责将不再重要，其角色更接近于座舱内的乘客，可以从事更多非驾驶任务，比如看电影等娱乐活动。在这个阶段，座舱更可能作为一种公共出行空间而存在，其要考虑的核心不再是驾驶安全，而是座舱内乘客的隐私、娱乐和舒适性诉求。

目前就驾驶自动化能力而言，大部分智能座舱处于 L1～L3 阶段，其中 L1 已经相对成熟、L2 百花齐放、L3 还在逐步尝试，也就是说车辆具有一定的自主驾驶能力，虽然还需要驾驶员持续保持监督，但已可支持偶尔解放驾驶员的脚、手或眼。就智能化来说，座舱内显示屏幕趋大趋多，智能网联多应用上车已成常态，语音、手势等多模态交互逐渐普及，驾驶员和乘客能够通过各种新形式获取更丰富的信息，完成更多样的操作任务。总体而言，驾驶自动化技术尚无法代替驾驶员完成全部驾驶任务，而智能化技术又催生出更多新的需求和任务，这种复杂的情况对智能座舱的人因设计是一个很大的挑战。

2.2.3 智能座舱中人的生理及心理需求更复杂

人因设计是以人为中心的设计，汽车座舱的人因设计需要考虑人的生理及心理特点和局限性。设计汽车的第一步是确定目标人群的人体尺寸和生物力学参数。基于用户群体的人体测量参数，我们可以确定车辆的许多基本尺寸，比如油门踏板的位置、乘坐参考点、眼椭圆等。生物力学参数包括力量、肌肉收缩和特定姿势下人的身体和身体部位所受的应力水平等，参考生物力学参数，我们可以评估用户完成驾驶任务时是否舒适，比如在座椅设计中，除了乘坐参考点，我们还需要考虑减少对使用者脊柱的负荷，避免不合适的靠背角度、脚悬垂等，以尽量避免长时间错误坐姿带来的局部疲劳和疼痛。

除了人体尺寸和生物力学参数，我们还需要考虑人的认知和行为机制特点。驾驶汽车是一项典型的信息处理活动：驾驶过程中，驾驶员不断地获取从各种感官输入的信息，经过思维的处理后做出相应的决策，并采取相应的动作来保持车辆的正常驾驶。尤其在智能座舱中，新型子部件较多、任务多样，人和汽车的关系也从辅助工具走向组队式合作。这种新的驾驶范式对人的挑战很大，除了基本的生理需求，智能座舱中人的心理需求更加复杂——包括新任务带来的新操作要求，多模态大量信息带来的注意力缺失、分心和负荷，以及新型人机组队合作模式下的心理结构匹配、人车控制权的转化等问题。

1. 注意力

注意的本质是信息加工的选择与抑制。人的注意力资源是有限的，不可能在同一时间接收所有的刺激信息，只能选择少数进行感知并关注。不同驾驶范式对驾驶员注意力的要求不同。如果是手动驾驶状态，驾驶任务对视觉注意力的需求几乎占据了 90% 以上，驾驶员必须将注意力集中在道路和车辆上，选择并关注与安全性最相关的因素。座舱内的任何非驾驶任务，如果是视觉-手动组合的操作，就会与主驾驶任务争夺注意力资源。因此我们需要根据注意的特征进行设计，手动驾驶过程中尽量减少其他因素的干扰。车辆自动驾驶状态，对驾驶员的注意力要求较低，驾驶员更容易分心离开监控任务，但又需要驾驶员能在车辆无法处理的紧急状况下，快速集中注意力以应对复杂任务。这就要求设计中要考虑接管提示的交互通道和强度，以帮助驾驶员快速收回注意力。

2. 负荷、疲劳与分心

工作负荷包括生理负荷（Physical Workload）和心理负荷（Mental Workload）：生理负荷主要指体力负荷，通常表现为肌肉骨骼系统的负荷量及肌肉活动水平；

心理负荷则包括脑力资源占用程度或所用信息处理能力等认知方面的负荷、压力或负面心理应激等情绪方面的负荷。驾驶是一项高度复杂且认知负荷相对较大的任务，虽然可以通过座舱空间的人机布置来提高整体任务操作的舒适性，也可以通过培训和练习将一部分技能型的操作强化为肌肉记忆，但一旦进入陌生路段，驾驶员仍然需要保持高度的注意力去处理周边的信息，驾驶员的认知负荷可能会比较高。不过，适度的认知负荷对于驾驶绩效的保持是有益的：如果认知负荷过高，连续工作往往会导致驾驶员疲劳；而认知负荷不足，又会导致驾驶员注意力不集中，从而分心。

高任务负荷往往会造成主动疲劳（Active Fatigue），从而影响驾驶安全。多项研究表明，连续行驶两三小时后，驾驶员会疲劳并且对车辆的控制能力（转弯、加减速等）下降。广泛证实的疲劳对驾驶的影响包括增加紧急情况下的反应时间、对危险的警惕性降低、信息处理能力减弱、短期记忆的准确性降低。尤其需要注意的是微睡眠（Micro-Sleeps）的状态，即只入睡了几秒钟的睡眠，这种情况尤其危险，因为驾驶员根本意识不到自己犯困或者入睡了，而这几秒足以造成驾驶事故。随着自动驾驶水平的提高，驾驶员角色和任务发生转变，驾驶员的任务过于单调，导致体力消耗性的疲劳发生，即被动疲劳（Passive Fatigue）。研究表明，在自动驾驶条件下，驾驶员更容易陷入被动疲劳状态。被动疲劳会导致驾驶员的警觉水平下降，从而容易忽视系统的警示提醒，或者收到警示后采取错误的应对方式。

分心主要指注意力不集中，即驾驶员并未疲劳，可能只是由于思考或从事其他活动，导致没有足够的注意力来保持安全驾驶。驾驶过程中的分心是普遍存在的，一般驾驶员的分心时间大约有25%，比如听音乐、与乘客讲话、打电话等。分心包括视觉分心、听觉分心、操作分心和认知分心，表 2-2 概述了不同的分心对驾驶任务的可能影响。

表 2-2　分心的类型和对驾驶的影响

分心类型	对驾驶员的影响	对驾驶绩效的影响
视觉分心	驾驶员的视觉注意力在交通情境之外的客体或信息上	较大且频繁的车道偏离、突然转向、前车刹车来不及反应
听觉分心	由于音乐或语音等听觉刺激导致驾驶员注意力离开驾驶任务	行驶速度降低、跟车距离变大、反应时延长、车道保持绩效降低
操作分心	驾驶员进行了驾驶之外的物理操作任务	行驶速度降低、跟车距离变大、反应时延长、车道保持绩效降低

续表

分心类型	对驾驶员的影响	对驾驶绩效的影响
认知分心	由于对话或阅读屏幕等活动,导致驾驶员注意力离开驾驶任务,对交通信息和道路环境不敏感	"视而不见"效应、平均130ms的反应时延、对周边视野信息的提取能力下降

3. 接管与托管：控制权转移

近年来，虽然自动驾驶技术飞速发展，但我们离完全自动驾驶还很远。部分自动驾驶汽车涉及车辆控制权在驾驶员和车辆（驾驶自动化系统）之间的切换：将驾驶权托管给车辆，需要驾驶员理解自动驾驶系统的能力边界和操作方式，对系统有恰当的信任；而在车辆无法胜任时，需要驾驶员能及时有效接管车辆，并做出正确的操作响应。这些控制权转移的环节涉及驾驶员疲劳和分心的监控、提示预警的有效性，以及透明、可理解的界面设计。这些问题虽然已有一些实践，但尚无相对明确的标准，还需要进一步研究扩展。

2.3 智能座舱的人因学应用

2.3.1 智能座舱设计要知道的人因学及人机交互理论模型

汽车数字化、智能化的发展，给原本就极为复杂的座舱设计带来了新的挑战。座舱任务的多样化带来了对人的更为复杂的生理及心理要求，尤其是认知类要求。为了更好地理解人因学和人的认知及行为，下面将引用几个模型来加深大家的理解，这些模型分别是态势感知（Situation Awareness）、基于技能-规则-知识的行为模型（Skill-Rule-Knowledge Behavioral Model）、多重资源理论（Multiple-Resource Theory）和耶德定律（Yerkes–Dodson Law）。本书暂未将人机交互中较通用的希克定律、菲茨定律、7±2法则作为重点，而是通过更宏观的模型让大家理解驾驶行为的特点。

1. 态势感知

态势感知（也被称为情境意识）最早用于飞行场景，被定义为"在一定时间和空间内对环境中的元素的感知，并对其意义的理解以及对它们在不久的将来的状态预测"①，也被认为是飞行员在任何时间点对外部世界的内部认知模型。态势感知结构可以进一步分解为三个层级，如图 2-3 所示。

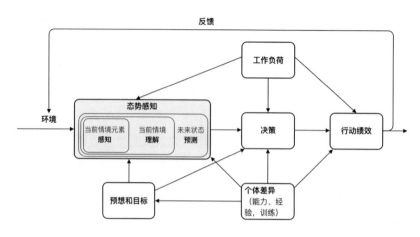

图 2-3　态势感知的三个层级

飞行员感知环境中存在某些元素（例如飞机、山、警示灯）及其相关特征（例如颜色、大小、速度、位置），这构成态势感知一级：感知。基于飞行员对这些元素的了解，以及这些元素和其他元素通过格式塔的方式组合为不同模式时，飞行员会构建出一幅当前环境的整体图景，以及理解当前对象和事件的重要性，例如警告面板上出现了红灯，飞行员理解红灯的出现有可能会危及他的生命，这构成态势感知二级：理解。当有三架敌机出现在特定距离内，预测这些敌机未来行动的能力构成了态势感知三级：预测。

同理，图 2-3 也能用于汽车驾驶中，并能较好地解释注意力缺失导致的问题。例如，当汽车开启了辅助驾驶模式，驾驶员正在玩手机或者看视频的时候汽车需要驾驶员紧急接管，驾驶员在注意力缺失的情况下需要对当前环境、自身汽车和周围车辆状况等一系列因素进行感知、理解、预测、决策，最后再执行。极短时间完成以上步骤很有可能让驾驶员出现认知负荷过载的情况，最后手忙脚乱导致悲剧的发生，这也就是为什么辅助驾驶需要驾驶员处于合理的情景意识。

从图 2-3 中可知，工作负荷和能力、经验、训练都会直接影响态势感知、决策和执行的绩效，这两部分能用后面的耶德定律和 SRK 模型分别进行解释。总的

---

① Mica R. Endsley. Design and Evaluation for Situation Awareness Enhancement.1988.

来说，高绩效需要驾驶员处于良好的情景意识和恰当的唤醒度、注意力和认知负荷水平，同时对于驾驶员的驾驶技能有一定要求。同理，在辅助驾驶过程中我们也需要驾驶员处于同等状态才能让驾驶员在突发情况时更好地完成接管，因此我们可以在辅助驾驶过程中通过听觉通道将重要信息实时告知驾驶员，并且在屏幕上显示最重要的信息，以确保驾驶员能快速感知和理解当前状况并进入良好的预测和决策流程。

态势感知模型能让我们更好地理解驾驶员在人 - 机 - 环境中，是如何进行感知、理解、预测和决策，最终完成驾驶任务的。在 HMI 设计中，任何一个影响上述态势感知环节的设计，都会作用于最后的驾驶行为，从而对驾驶安全产生直接影响。

2. 基于技能 - 规则 - 知识的行为模型

基于技能 - 规则 - 知识的行为模型（以下简称 SRK 模型）[①] 把人的工作根据认知参与的复杂程度分成三种不同的水平，如图 2-4 所示，它们之间的区别如下。

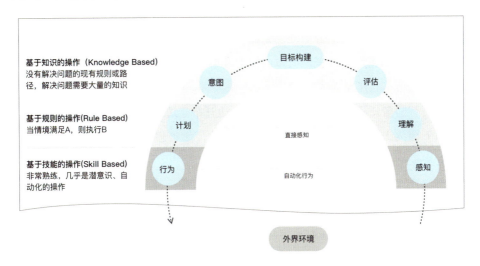

图 2-4　SRK 模型

- **基于技能的操作**：非常熟练的、几乎是潜意识的操作，不需要经过大脑的复杂思维过程，因此对人的认知负荷和注意力要求最低，比如盲操。
- **基于规则的操作**：了解各种规则，当事情发生时，按照各种规则来操作。保持车道线、遵守交通法律就属于此类操作。

---

① Jens Rasmussen. Skills, Rules, and Knowledge; Signals, Signs, and Symbols, and Other Distinctions in Human Performance Models. 1983，IEEE.

- **基于知识的操作**：问题相对比较复杂，解决的过程需要大量的知识、分析和判断，因此对人的认知负荷和注意力要求最高。

通过 SRK 模型，我们不难理解为什么新手司机开车非常谨慎，而老司机可以边开车边去处理其他事情，因为老司机通过长时间的训练已经将驾驶这项操作训练成基于技能的操作，当他对路面非常熟悉时，他可以不花费太多注意力在路面上，同时驾驶车辆可以通过肌肉记忆完成。但是对于新手司机来说驾驶车辆仍处于知识层面的操作，所以驾驶时需要花费更多的注意力在路面、眼睛和手脚之间的配合以及如何操控车辆上。但在看不清的情况或者复杂路面上，新老司机都需要花费注意力去分析和判断当前车辆操作是什么，因为新的环境对他们来说属于另一种"知识盲区"，这种基于新知识的操作人人平等。

3. 多重资源理论

多任务处理在驾驶过程中非常普遍，例如我们会一边跟同伴聊天，一边观察路面变化，一边听周围有没有鸣笛等特殊声音需要引起我们的注意。之所以能够同时进行两种或两种以上的活动，是因为这些活动所要求的注意容量没有超额。若在行人拥挤的街道上开车，大量的视觉和听觉刺激占用了我们的注意容量，我们也就不能再与同伴聊天了。

车内有些多任务并行并不推荐，例如一边开车一边玩手机或者注视中控屏幕，为什么？因为人的注意力和认知负荷是有限的，如果超出人的注意容量很容易引起人的失误，从而导致交通事故。

那为什么人可以做到边看边听？从多重资源理论[①]的角度来看，人会通过多资源和多通道去理解和处理信息，如图 2-5 所示，而且每项资源或通道都有自己的容量，当信息不超出该容量时不容易超出人的认知负荷。

多重资源理论在座舱体验设计上能给我们带来很多指导意义，例如一些紧急信息最好通过听觉通道传达给驾驶员，而不是通过视觉通道，因为这能有效避免驾驶员认知负荷超载。

但是为什么我们会经常把一些信息显示在屏幕上呢？这不是和前者结论矛盾吗？多重资源理论结合 SRK 模型能解释为什么部分老司机能边开车边看屏幕甚至

---

① Christopher D. Wickens.Multiple Resources and Performance Prediction. 2002, Theoretical Issues in Ergonomics Science 3（2）: 159-177.

看手机，而新手司机却不能。因为老司机在驾驶时对路面的观察和理解不占用太多视觉和认知容量，所以他们有更多的容量去处理其他事物（不提倡分心驾驶），但对于新手司机来说光是观察路面就已经让他们的认知资源接近容量上限甚至超载，所以他们必须很谨慎地驾驶才能避免发生事故。从这个角度来看，由于视觉信息在表达上更直观，只要显示信息不会过多而且难以理解，在驾驶过程中通过屏幕显示信息不一定对所有驾驶员产生重大影响。

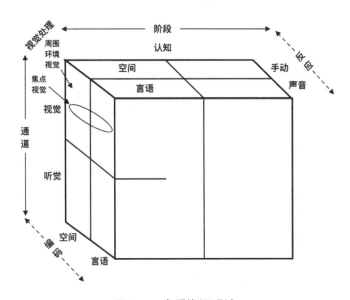

图 2-5　多重资源理论

4. 耶德定律

在心理学里，耶德定律用于描述唤醒度（Arousal）高低与绩效之间的关系[1]，如图 2-6 所示。唤醒度可以反映人当前的生理和心理状态，从生理角度唤醒度由低到高可以依次描述为犯困、疲劳、松弛、正常、焦虑、压力大和疼痛，它和压力（Stress）、注意力（Attention）、警觉性（Alertness）、认知负荷（Cognitive Load）和工作负荷（Workload）等因素有着强联系。

---

[1]　David M. Diamond，Adam M. Campbell，Collin R. Park，etc.The Temporal Dynamics Model of Emotional Memory Processing：A Synthesis on the Neurobiological Basis of Stress-Induced Amnesia，Flashbulb and Traumatic Memories，and the Yerkes-Dodson Law. 2007.

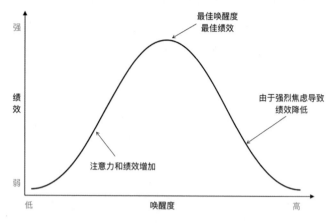

图 2-6　唤醒度与最佳绩效水平

从图 2-6 中我们可以发现存在着一个最佳的绩效唤醒水平区域,太少或太多的唤醒都会对任务绩效产生不利影响。当唤醒度过低时,例如在犯困到松弛的区间下,人的注意力是缺失的,边开车边看手机可以理解为驾驶员在驾驶任务上处于松弛状态,所以他此时的绩效并不处于最佳状态。

当唤醒度过高时,例如在焦虑到疼痛的区间下,人的注意力会处于分散甚至过载状态。在这个区间内怎么理解注意力分散甚至过载?焦虑、压力大甚至疼痛会让人过度紧张导致注意力无法集中到该集中的任务上,例如新手司机在学习或者实习期会遇到由于紧张导致"脑子里一片空白",其实这是在描述注意力分散甚至过载。

人机信任也属于人因工程正在探索的领域。人机信任的研究更多关注机器系统的因素,主要包括机器能力与机器特性两个方面。机器能力相关的人机信任影响因素主要包括人机系统的可靠性、可预测性、异常故障等,大量研究表明在复杂的交互任务中,高度可靠的自动人机系统会促进操作者信任,但是也可能导致用户监视行为的减少及过度依赖[1]。可预测性是指人机系统来执行任务符合用户期望的程度,当用户可以依据经验预测系统的表现时,人机信任会持续在较高水平,而可预测性差的人机系统会使信任水平迅速下降。人机系统的异常故障对人机信任有负面影响,即使故障恢复后信任恢复也比较缓慢,且不会达到以前的信任水平。

与机器特性相关的人机信任影响因素主要包括系统的自动化等级、物理特征、

---

[1] 高在峰,李文敏,梁佳文等. 自动驾驶车中的人机信任 [J]. 心理科学进展,2021,29(12):2172-2183.

系统透明度等因素。自动化等级或智能化水平越高的机器系统，初始的人机信任程度越高，但当其出错时，人机信任会迅速降低并持续处于较低水平，原因在于系统自动化等级越高可理解性及可预测性越差，一旦出错就会导致人机信任水平持续降低。

信任的交互将增强操作自动驾驶/辅助驾驶的司机的信心，改进其对车辆的控制以及提升安全感，我们需要将司机对车的信任限制在一个适度的等级，过度信任和不信任都会影响驾驶安全，如图 2-7 所示。

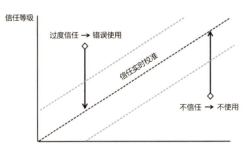

图 2-7　信任等级及影响

在智能座舱领域，人类和机器的关系可以抽象为图 2-8，当人对机器不信任时，在辅助驾驶过程中会一直担心汽车出现问题，从而产生焦虑感和注意力分散，对机器越不信任对变化的响应会越迟钝；当人对机器过度信任时，在辅助驾驶过程中会太过依赖汽车的决策，渐渐地注意力分散到其他事情上。这两种现象都不是我们希望看到的，因此什么是合理的人机信任以及如何校准人机信任将是设计辅助驾驶时很重要的课题。

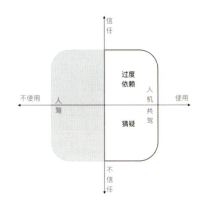

图 2-8　智能座舱中人机信任关系

2.3.2 智能座舱的总体人因学要求

智能座舱的人因要求,大致可以细分为整车的人机工程要求和座舱内的人机交互设计要求。人机工程设计更侧重于整车尺寸的定义、驾乘空间的布置和各种子系统的人机布置等。而人机交互设计是一个相对宽泛且宏观的概念,座舱设计中更关注人与各种多感官交互媒介的互动,包括各种屏幕(触摸屏、仪表、HUD)、智能硬件(座椅、后视镜)等。

人机工程是人机交互设计的基础,人机交互的媒介设备的位置需要遵循人机工程的要求,以保证不遮挡驾驶时的视野,或者有足够好的操作便利性。除此之外,人机交互设计还需要综合考虑多种感官媒介信息传达的有效性、效率和用户感受。本书后面的章节也将根据汽车座舱的设计特点针对性地介绍相关的理论和原则,这里先概要介绍一下新型智能座舱的总体人因要求,包括法规、人机工程和人机交互要求。

1. 法规及标准要求

法规是国家机关制定的规范性文件,多是为了保证产品和服务的基本质量,能满足大部分人的使用及安全要求。汽车设计领域相关的法规很多,有针对整车的,也有针对座舱内部各种子系统的,不同国家的法规标准可能有所差异,如果不满足某一国家的法规要求,则产品很可能无法在该国家销售。因此座舱设计中,首先应该根据目标市场,了解涉及国家或地区的法规,并在设计中遵守。表2-3整理了人机工程和人机交互设计中部分常用的法规要求,供大家在设计中查阅。

表2-3 智能座舱人因学相关的法规要求

政府及组织	法规名称	内容简介
SAE 标准	SAE-J826	车辆座椅布置工具
	SAE-J4002	H 点定义流程
	SAE-J1517、J4004、J941、J1052、J287、J1050	乘员布置工具
	SAE J3016 -2021	标准道路机动车驾驶自动化系统分类与定义
中国国家标准(GB 为强制性国标,GB/T 为推荐性国标)	GB 15084-2013	机动车辆间接视野装置性能和安装要求
	GB 4094-2016	汽车操作件指示器及信号装置的标志
	GB/T 40429-2021	汽车驾驶自动化分级
	GB/T 17867-1999	轿车手操纵件、指示器及信号装置位置

续表

政府及组织	法规名称	内容简介
中国国家标准（GB 为强制性国标，GB/T 为推荐性国标）	GB/T 4094.2-2017	电动汽车操纵件指示器及信号装置的标志
	GB/T 19836-2019	电动汽车仪表
	QCT 727-2007	汽车、摩托车用仪表
ISO 国际标准	ISO 2575-2010	道路车辆控制装置、指示器和信号装置的符号
	ISO 15008-2017	道路车辆、交通信息和控制系统的人因工效学因素；车内视觉信息传达的规范和测试流程
NHTSA 指南	2016 *Human Factors Design Guidance for Driver Vehicle Interfaces*	人车界面的人因设计指南
	2010 *Visual-Manual NHTSA Driver Distraction Guidelines for In-Vechicle Electronic Devices*	车内电子设置的显示-控制及驾驶员分心指南
	2018 *Human Factors Design Guidance for Level 2 And level 3 Automated Driving Concepts*	L2&L3 级自动化驾驶的人因设计指南
欧盟 UNECE	UN Regulation No. 157-2021	关于自动车道保持系统的认证规范
	UN/ECE UN Regulation No. 79-2021	关于车辆转向装置的车辆认证规范

我国汽车行业目前普遍采用美国汽车工程师学会（Society of Automotive Engineers，SAE）的人体尺寸模板开展研发工作。SAE 与人因工程师合作，开发了大部分用于汽车工业的乘员布置和方法标准（SAE 2009）。但设计师需要认识到中美人体尺寸存在较大差异，基于错误的人体尺寸进行座舱设计会让我国部分驾驶员的局限性直接加大，例如驾驶员背部贴紧座椅时手臂伸直仍摸不着中控屏幕，这时需要身体向前倾，这无疑是不适、低效和不安全的。我们应该基于中国成年人人体模板开展研发工作。但是目前能使用的《中国成年人人体尺寸》是 1988 年发布的，其中的成年人人体数据已完全无法准确反映当前我国国民的身体状况。为此，我国人体基础数据调查在 2018 年已经启动并完成了最新的人体尺寸数据测量，具体标准已完成审查正在批准中，有可能会在 2023 年发布并实施。

智能座舱 HMI 设计尚在发展中，目前国内并没有专门针对 HMI 的法规标准。在国外，美国高速公路安全管理局（National Highway Traffic Safety Administration，

NHTSA)与相关研究者合作,编写了相对全面的人车界面及车内电子设备的人因设计指南。其中对驾驶员、视线偏离和车内电子设备的响应时间均有一定的建议和要求。

2. 人机工程要求

人机工程在具体设计中主要考量三大方面:驾乘舒适性、视野可视性和操作便利性。

驾乘舒适性指根据主要目标用户群体的人体尺寸进行驾乘空间布置,保证驾驶员和乘客静态空间舒适,以及进行任务操作时姿态舒适。具体的人机设计需要考虑驾驶员和乘客的位置、眼椭圆、不同的触及范围、空隙和可视区,以及其他相关的车辆细节(如转向盘、地板、各种踏板、座椅、扶手、变速杆、停车制动、视镜、硬点、基准标记/点、视线点、视线)和尺寸。图 2-9 展示了座舱乘员布置细节的汽车侧视野。

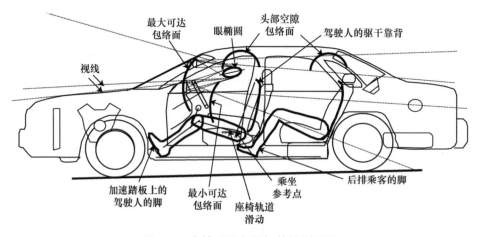

图 2-9 座舱乘员布置细节的侧视野

视野可视性指的是考虑三个视镜的位置与尺寸、汽车上车身(立柱和车窗)和驾驶员眼位置,以保证驾驶员以合适的角度和方式瞄看三个视镜,能通过直接和间接视野获得周围车辆 360°的可视性(至少能看到周围每辆车的一部分)。图 2-10 展示了坐在自车内的驾驶员通过直接、间接视野和外围设备获得汽车周围 360°的可视性。直接视野是驾驶员通过转动眼睛和头部从前风窗玻璃和侧面窗口所看到的区域,也包括驾驶员查看左或右外视镜时驾驶员可以看见的外围直接视野(表示为左外周视野和右外周视野);间接视野是驾驶员通过左右外视镜、内后视镜或其他传感器探测物体位置所间接看到的视野,即图 2-10 中 LMF、IMF 和 RMF 表示的范围。

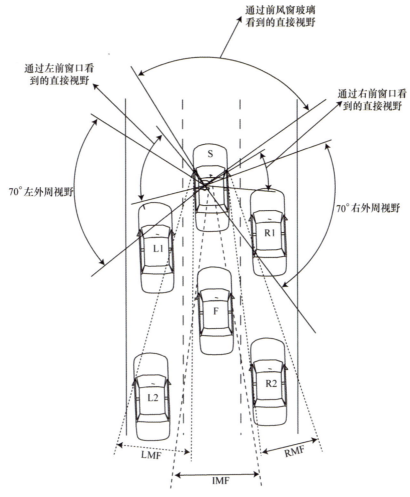

图 2-10 座舱内驾驶员通过直接、间接视野和外围设备获得的 360°可视性

操作便利性指在设计时考虑、权衡控制和显示及相关设备的位置的使用条件和驾驶场景,保证驾驶员以最小的心理和生理负担迅速地操作控制装置。这一方面需要考虑大部分用户在完成这项任务时的人体尺寸,以保证控制装置在可触及范围内。另一方面也需要考虑显示设备位置,以保证信息显示在驾驶员自然视野范围内,或者不需要过多的头部或躯干运动查看。图 2-11 是一侧视示意图,展示了考虑布置控制和显示设备的区域位置选择。在确定了车辆中的驾驶员位置后,

人机工程师应确定控件和显示设备的位置。控制和显示区的制约因素有最大到达区域、最小到达区域、穿过转向盘的可见区域、35°下视角区域等。

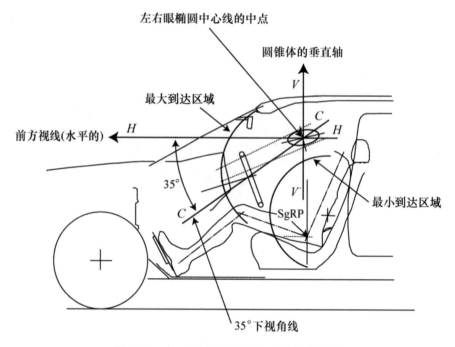

图 2-11　控制和显示设备布置参考侧视图

3. 人机交互要求

智能座舱的人机交互按空间位置可分为车内和车外，按交互通道可分为操作输入和显示输出。随着交互技术的快速发展，智能座舱的操作、显示的位置和方式都呈现出多样化的特点，智能座舱的人机交互设计逐渐走向多感官通道的自然融合交互。图 2-12 是笔者绘制的常用智能座舱交互媒介的位置及类型：操作输入除了传统的物理控制装置（如方向盘、加减速踏板、驾驶员周边操控按钮），还包括触控屏幕、智能语音，以及眼动、手势识别、头部追踪、姿态识别等隐式交互；信息输出设备除了传统位置的仪表屏和中控，逐渐扩展到更多位置，如平视显示（HUD）、电子后视镜、后排娱乐屏、氛围灯等，也扩展到多个感官通道，如听觉、触觉（座椅、安全带、方向盘的震动等）和嗅觉（智能香氛等）。

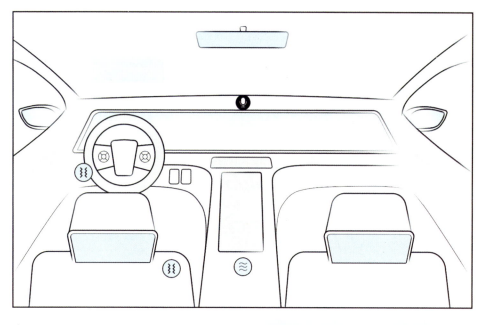

操作输入
方向盘
加减速踏板
驾驶员周边硬件操作按钮
中控屏（可选副驾屏）&后排娱乐屏
语音
手势

隐式交互
眼动追踪
头部追踪
姿势识别

信息输出
HUD
电子后视镜
仪表&中控屏（可选副驾屏）
后排娱乐屏
语音
座椅、安全带、方向盘等震动
座舱氛围灯
智能香氛等嗅觉

图 2-12　智能座舱常用交互媒介示意

　　车外交互主要用于传达车辆状态，实现车辆与路面行人、基础设施之间的互动，也可以提供驾驶员上车前的人车互认。而在高级别自动驾驶中，除了与行人的交互，还可以向周边其他车辆传达车辆意图和状态。根据百度智能驾驶体验中心的车外交互设计探索[①]，乘用车辆的车外交互媒介一般包括车本身的灯光（转向灯、刹车灯等）、喇叭，还可以根据车辆定位考虑配置车外的屏幕、地面投影和氛围灯等。进行车外交互设计时，需要充分考虑驾驶环境、车辆状态、展示的位置及内容，以保证信息传达效率，如图 2-13 所示。

---

① Apollo 智能驾驶体验设计中心.自动驾驶无人化时代，车外交互的设计探索.2020.07.20.

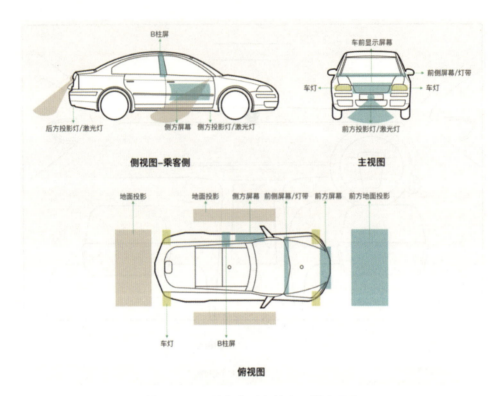

图 2-13 乘用车典型车外交互媒介示意

驾驶场景下驾驶员既需要观察车外环境信息,还需要时刻理解车辆系统的信息,以综合来自"环境"和"机"的信息,做出正确的理解和互动响应。在座舱人机交互设计中,我们需要考虑当前驾驶情境下用户获取的信息,以及需要其进行的交互行为,分析用户被占用的认知通道,并根据不同交互方式的特点选用更合适的交互通道,考虑多种方式的自然融合,在满足驾乘人员完成复杂操作需求的同时,创造丰富和全方位的驾乘体验。这里笔者初步整理了不同交互方式(操作和显示)的特点和设计要求,见表2-4和表2-5,供大家参考。详细的多模交互设计请参看第6章。

表 2-4 输入:不同通道的操作方式及设计要求

通道	操作方式	特点	设计要求
触觉	单击、按、滑动等触摸屏	显示控制一体,能更好理解上下文,灵活性好 完成操作往往需要占用视觉通道,易造成驾驶员分心	布置布局保证驾驶员操作的可触及性 提供及时且清晰的操作反馈

续表

通道	操作方式	特点	设计要求
触觉	物理按键的按、旋转、滚、拉等	熟悉后可盲操，视线偏移较少 可以控制的功能往往比较单一	考虑控制装置的位置布局，以便于驾驶员接触和查找，最好能够盲操 操作规则容易理解和判断
听觉	语音	与驾驶任务冲突少，能减少驾驶员脱手和视线偏移，安全性高 容易受外部噪声等声音环境活动干扰 交互指令有一定的学习成本	保证语音交互的简洁自然 为用户提供恰当的反馈 有较高的容错性，也需要对错误做出合理的引导
人体生物识别	眼动控制	合理的眼动有助于提高驾驶反应能力 误操作概率大，且受生理和外界环境变化影响较大	尽可能规则简单、易记忆 考虑合适的情境 考虑隐私、合理的开启关闭方式
	手势识别	视线偏移较少，能减少对视觉的依赖 手势指令的对应性较高 环境要求严格，准确性不高，效率低	
	头部追踪、姿势识别、表情、生命体征识别等	提高用户的参与度和情感体验 误操作概率大，且受生理和外界环境变化影响较大 比较隐含	

表 2-5 输出：不同通道的信息显示方式及设计要求

通道	显示方式	特点	设计要求
视觉	屏幕（仪表、中控、电子后视镜）	最常用的感知通道 适合呈现较复杂的信息 用户视线偏移驾驶道路，易造成安全隐患	显示屏位置设置应便于快速提取信息，避免车内其他设备（如方向盘）对屏幕的遮挡 减少视觉呈现的眩光
	HUD	视线偏移最小，AR-HUD 可以将多重空间信息叠加显示，增强感知 可能会分散注意力，遮挡重要信息 易受环境影响	根据驾驶信息诉求和屏幕特性，考虑合适的信息层级及可视化效果 考虑信息展示的可识别性，包括字符、图形的大小、颜色、间距和信息布局等

续表

通道	显示方式	特点	设计要求
听觉	语音、音效	能快速获取驾驶员注意力	声音特性与任务、事件或情况的紧急程度一致 尽量选择对驾驶员打扰最小的声音信号 声音的响度能克服来自道路噪声、座舱环境和其他设备的声音遮蔽 与其他听觉信息有足够的区分度
触觉	振动	能快速获取驾驶员注意力,更好地传达方向信息	确保触觉信号可检测 触觉信号应适应人体的触觉敏感性 综合考虑触觉信息的区分度、强度,在保证用户生理舒适的前提下有效传达警告信息
嗅觉	气味	愉快的香味会增加积极情绪和警觉性 传递复杂信息技术实现较难,且增加认知负担	尽量用于调节车辆氛围等简单场景
体感	热反馈	反馈温和,不会分散注意力 识别需要一定时间,不适合时效性强的消息 容易受外部环温度影响 匹配情境可以提供有趣新颖的体验	考虑信息传达的时效性 选用合适的使用情境

2.3.3 考虑人因学要求的智能座舱设计流程

传统汽车通常采用自上而下的正向开发流程,如图 2-14 所示,即从产品定义出发,根据场景需求,逐层进行目标拆解,层层落实设计优化与同步验证。智能座舱的设计大体上也是沿用此流程,但也有一些区别和侧重。

首先,智能座舱更注重产品定位、目标用户和使用场景。最初的汽车开发以"功能"为中心的,工程师定义汽车的功能、不同车型的配置,主要是满足驾驶需求。智能座舱引入了更多功能,拓宽了汽车的使用边界和个性化定制功能的可能性。为提高用户的满意度、提升市场销量,智能座舱更需要以场景驱动,从顶层产品定义开始进行以用户为中心的设计。不同平台、不同车型的目标人群不一样,驾乘习惯不一样，需求不一样，对智能驾舱的侧重点不一样，人机设计的侧重点也不一样。根据研究，年轻人群首购 A 级车型多，倾向于智能、氛围、DIY；中青年首购、换购皆有，B 级车占比略多，倾向于智能、舒适、拓展；成熟人群换购 B 级车多，倾向于智能、舒适、操控。这个阶段应该首先根据公司战略和市场研究，明确目标客户群体，确定设计理念、优先级和设计风格，将客户对座舱空间的需求转换成车辆的功能定义。有了总体目标后，再逐步分解到整车、系统、子系统的设计。

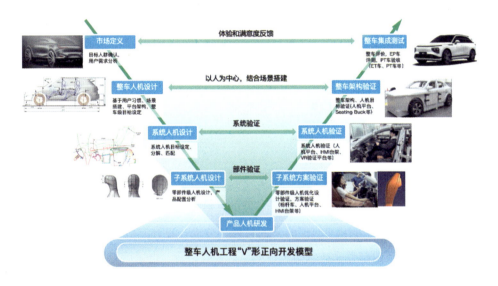

图 2-14　整车设计的正向开发流程

然后，基于用户习惯、场景和平台架构，进行整车人机布置。这个阶段技术工程侧需要考虑平台的演变策略、架构件的共通化，完成对智能座舱的整体规划，包括带宽、功能、性能、成本、工艺、生产，另外也需要基于驾舱的软件架构和硬件架构进行耦合匹配，实现工程开发的软件硬件架构化。人因工程师主要基于上述因素进行整车的人机布置，包括确定驾驶员和乘客在车内空间的位置，并进行相关分析确定其他部件（如主要控制器、眼椭圆）的位置，设计座椅、确定最大最小触及范围和可视区来进行仪表、中控、车门内侧等。

这个阶段，HMI 设计师可以根据产品定义，按用户使用场景拆解智能座舱所应包含的功能和交互方式侧重，对硬件的人机工程提出诉求，并分析讨论将其纳入整车设计的考量中。比如，如果产品定义要体现"智能"，设计上如何体现呢？

我们可以从开车前、行驶中和使用后三个阶段去拆解智能化的定义，如图2-15所示。开车前可以通过迎宾灯和座椅、语音欢迎语等给人一种仪式感；行驶中可以将"智能"拆解为科技、易用和安全感，考虑ADAS、疲劳检测等；停车后还可以考虑人性化和第三空间的拓展，比如停车后大灯开一段时间陪伴用户回家，以及挖掘第三空间的属性，比如K歌、小憩等。

图 2-15　智能化的拆解和设计定义

接下来，拆解子系统/部件的人因目标，并进行设计参数的落地和优化。智能座舱HMI涉及的部件系统包括各种屏幕、智能语音、电子后视镜和智能座椅、灯光等。其中最主要的是承载信息展示和控制的屏幕。HMI设计师需要进行中控、仪表、HUD、后排屏幕或者后排屏幕的设计，包括信息的展示和功能的操作。这些设计均需要考虑驾驶员或乘客的人因要求，包括操作任务、信息诉求，以及影响信息展示和操作的环境因素。这些在本书后面的第3、4、5章有详细的介绍和讨论，第6章会介绍整体座舱的多模交互设计，而在第7章还会讨论驾驶自动化相关的人因要求和设计。

最后，还有设计的验证和评估。每一个阶段都会有大量的验证工作，包括整车的人机关系，功能定义的合理性、页面布局的可识别性，以及最后整车的路测等，前期的验证能更早地发现问题并解决，更好地保证设计质量。验证方式包括1∶1比例模型，基本汽车台架或者借助VR设备的仿真座舱等。HMI设计师也需要制定整舱体验标准、评测方式，并根据开发阶段执行相应的专家评估或真实用户试乘，进行设计的调整和优化，减少量产交付后出现严重人因学问题的可能性。

第 3 章

智能座舱 HMI 设计的核心问题

3.1 跳出移动端的设计惯性看智能座舱 HMI 设计

3.1.1 安全需求不同

移动界面 UI 设计更多时候考虑的是界面设计是否符合用户操作习惯，并通过减少无用的操作步骤来提升用户的人机交互效率，加上一些更吸引人的视觉动效设计，来吸引用户的注意，以确保移动端产品的用户黏性。用户在使用移动端产品的过程中，多处于静态场景，安全需求较低。

与移动端产品设计不同，汽车天然具有安全属性。2021 年世界卫生组织在瑞士日内瓦总部发布了《道路安全行动十年全球计划》，其中统计数据显示，道路交通事故每年造成全球将近 130 万人死亡、大约 5000 万人受伤，是全球范围内导致儿童和年轻人死亡的主要原因。在汽车人机交互及人因的研究中，驾驶安全始终是学者最关注、最广泛的研究领域，也是各个主机厂产品研发和发展的关键和目标。对智能汽车而言，智能座舱的人机交互设计会影响驾驶过程中人的认知、判断、反应和人机协调能力，人机交互系统各要素间的关系、系统和人的关系、物理实体和感知信息的关系的处理和协调都需要在"安全"的范畴下进行，在整个人机交互设计过程中，设计师需要从驾驶安全的角度开展产品交互设计及人因研究，以保障驾驶的安全、高效与宜人。

3.1.2 注意资源占用需求不同

《iPhone 人机界面指南》经常出现"沉浸式"的表述，《Android 人机界面指南》也反复提及基于用户心智模型的行为流，我们可以看出，移动端的人机交互设计一直试图降低人们的认知阻力，目的就是引导用户注意资源持续地关注到移动端产品中来。移动端的很多产品，如短视频、购物、游戏等类别的手机 App，一方面通过智能算法进行个性化推荐不断吸引大家的关注，另一方面利用沉浸式交互设计将用户的注意资源持续转移到产品中，通过这种方式来提升产品的用户黏性，最终实现产品的商业目的。

与移动端相反，在驾驶过程中，用户的主要精力用于执行驾驶主任务，只能抽取较少的精力与时间来完成人机交互次任务。根据多重资源理论，次任务在知觉阶段分别占用主任务的视觉与听觉资源，在工作记忆与认知阶段会占用主任务较多的认知资源，在行动与操作阶段占用主任务交互过程中较多的动作资源。然而用户的注意资源有限，次任务的脑力负荷、视觉负荷及操作负荷过高，会直接影响驾驶安全。因此也就决定了智能座舱 HMI 设计包含的信息，都必须在极短的时间内以最快捷的方式呈现。

此外，从软硬件交互层面看，智能座舱娱乐系统功能越来越多样化，导致用户的交互行为流更加复杂[1]，这也导致驾驶过程中人车交互认知负荷非常容易过载，这对驾驶员应对突发情况和情境感知的能力和处理多交互任务、应对多种复杂情境的能力提出了更高的要求；从用户体验角度来看，用户在驾驶过程中，除驾驶本身需要大脑对环境的时刻感知认知外，座舱内部的人机交互任务会导致用户注意力的分散，而用户在分心的状态下很容易产生误操作，从而降低驾驶过程中的安全性。在驾驶任务占用较多注意力资源的情况下，为了驾驶安全，人机交互次任务的执行不能干扰驾驶员，因此智能座舱的车机端 HMI 设计要保证高效完成，占用的注意资源越少越好。

3.1.3 使用场景不同

使用场景的不同决定了移动端设备和 HMI 设计的不同处理。移动端设备因其通用性和便携性，使用场景更多、更广泛。手机端的同一功能，也会根据使用场景的不同，定制出不同的功能。以支付功能为例，移动端的实现方式非常多样，用户可以通过扫描二维码实现支付、群收款、收发红包、转账等各种复杂多样的功能，这些功能使用的场景非常丰富。从底层逻辑来看，移动端人机交互设计希望场景化的设计满足用户多样化的需求，所有的功能开发都试图去提高用户活跃度以增加用户留存率。

---

[1] 马宁，王亚辉. 智能汽车座舱人机交互任务复杂度分析方法 [J]. 图学学报，2022，43（2），356.

智能座舱中人类活动的复杂性与多样性被限制在一个移动的交互空间中，在这个独特的空间里，为了驾驶安全，从"人-车-环境"的场景构建角度看，场景会收敛到和驾驶安全、驾驶本身最相关的功能。以专为出行场景打造的车载轻应用生态"腾讯小场景"为例，基于微信小程序的框架和生态，可以实现支付、充电或者预约修车等特定出行场景的新功能，也已经推出了出行、社交、生活、娱乐、车主服务五个大类、五十个小类的精细化场景服务。如图3-1所示，"腾讯小场景2.0"适配了全新的BMW iDrive，为宝马提供了一个智能座舱的场景化探索方向，通过全语音的交互方式，让用户在安全驾驶的同时，用最小的注意力完成驾驶过程中的典型任务。

图 3-1 "腾讯小场景 2.0"适配全新的 BMW iDrive

在智能座舱这个移动的交互空间中，正是因为车机端场景对应的功能使用频次更低，占用的注意资源更少，工具属性相比服务属性更低，所以车机端的HMI设计需要做减法，以降低因为功能的执行过程导致的潜在分心安全影响。第1章提出了很多新的出行场景，这些场景中只要涉及驾驶行为，就需要考虑这些场景中交互设计的复杂度对安全的影响，某些视觉占用较多的功能应该限制使用或降低使用频次，并通过融合语音交互的方式减少驾驶员的车机操作和视觉占用，使驾驶员将注意力始终保持在前方道路上，来提升驾驶主任务的安全性。

3.1.4 生态系统与设计规范不同

iPhone 的出现宣告了移动端触屏时代人机交互的真正到来，而《iPhone 人机界面指南》和《Android 人机界面指南》定义了触屏时代两大系统阵营的全套基础控件和界面设计规范，指导了全世界的设计师和应用开发者。

对于智能座舱产品而言，不少车企和车机系统平台都已建立了自己的 HMI 设计规范和设计系统，比如苹果 CarPlay、谷歌 Design for Driving、百度车联网、华为 HarmonyOS 以及经典的奔驰 MBUX、宝马 iDrive 等，如图 3-2 所示。但是，一方面这些设计规范和系统要解决的设计适配问题过多，另一方面车企并不愿意将车机系统软硬件接口和数据完全开放给第三方，这导致不同车企的智能座舱娱乐系统的界面布局、颜色规范、字体大小等都有自己相对独立的设计规范。从车企角度看，车企也不会轻易放弃花重金自研的车机系统去选择一个短期成本低，但长期有被"掐脖子"风险的第三方生态系统或设计规范，这也导致建立行业级、系统级且普遍应用的生态系统面临从战略层到设计层的阻碍。

苹果CarPlay

奔驰MBUX

百度车联网

华为HarmonyOS

宝马iDrive

图 3-2　不同品牌的车机生态方案

对于数字座舱设计来说，与手机、计算机端的界面设计相比，一方面因为不同出行场景、不同地区甚至不同光照条件下都会对人机交互界面的适应性有不同的要求，另一方面复杂的驾驶场景下，界面布局、字体大小、交互动效及色彩规范对驾驶安全的影响尚未建立对驾驶安全的影响模型，这对一套保障行车安全，在系统层面能保证交互一致性的完整界面交互设计规范开发而言，带来了非常大的挑战。

3.2 智能座舱 HMI 设计要处理好"空间关系"

3.2.1 乘坐空间

智能座舱的乘坐空间是驾驶员与车辆人机交互行为的发生空间，作为智能座舱内部空间设计的核心部分，占据较大的内部空间，广义的汽车人机交互设计不仅包括车内娱乐系统的人机交互界面设计，还包括整个智能座舱乘坐空间范畴内的软硬件产品的人机交互设计。

设计乘坐空间时，一方面要考虑车内软硬件产品的人机工程舒适性和交互的流畅性，保证用户在驾乘的过程中用最小的身体负荷完成驾驶任务的各个操作，第 2 章智能座舱的总体人因要求对乘坐空间人机工程有详细的阐述；另一方面要充分考虑空间与视觉上的拓展，保证驾驶过程中用户的视觉能够轻松地在智能座舱不同布置的显示区域获取关键信息。如图 3-3 所示，我们需要将驾驶员最关注的信息放在驾驶员视线正前方，该区域在显示驾驶信息、车辆控制信息的同时，也能更好地保护驾驶员隐私数据，有利于驾驶员安全、高效地获取信息，其他和副驾共用的区域除了能显示车机上非驾驶任务相关的信息，也能显示手机上跟隐私无关的信息和数据。

图 3-3　智能座舱的驾驶员区域与公共区域

智能汽车座舱的乘坐空间的主要元素包括车内外后视镜、仪表盘、HUD、中控显示屏、副驾屏、方向盘、控制台、汽车空调排风口等软硬件元素，智能座舱乘坐空间的人机交互需要充分考虑不同区域、不同位置元素的承载信息能力及可视化区域大小，还需要考虑当前驾驶情境下用户获取信息的方式，并根据不同交互方式的特点选用更合适的交互模态，考虑多种方式的自然融合，在满足驾乘人员完成复杂操作需求的同时，创造丰富的驾乘体验。

3.2.2 视觉交互空间

驾驶的动态场景千变万化，动态视力会随着驾驶速度的提高而降低，不同的场景也会不同程度地影响驾驶员的视力，从而影响感知系统。如图 3-4 所示，在驾驶模式下，随着汽车行驶速度的提高，用户注视点会前移，并且视野收窄[①]，这会给行车安全带来一定的影响。另外，驾驶视距随车速增大不断向外延伸，车速越快越难观察近处的目标物，因此座舱应当适度提醒用户近处目标物的情况。

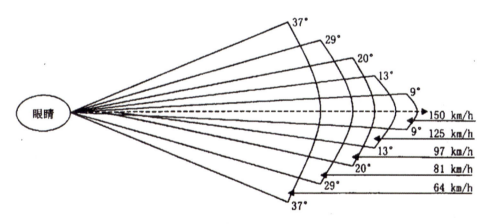

图 3-4　驾驶模式下用户的视距变化

在人与智能座舱的交互过程中，视觉信息交互占据了人车交互的很大部分，智能汽车与传统汽车座舱的区别在于布局中数字界面（娱乐系统、中控屏、数字仪表盘、HUD 等）的普及，用户视觉注意发生了很大的变化，视知觉是基于过去的知识经验，并经过现实刺激并进行重塑记忆的过程，在智能汽车逐渐占据市

---

① Lidestam, B., Eriksson, L., Eriksson, O. Speed Perception Affected by Field of View: Energy-Based Versus Rhythm-Based Processing. Transportation Research Part F: Traffic Psychology and Behaviour, 2019, 65, 227-241.

场主流的时候，传统汽车的知识经验需要转移并重塑到智能汽车上来，其中需要多种视觉刺激组合并选取最优的组合策略，才能最大限度完成新旧经验的转移和形成。

基于视觉关注机制理论，结合智能汽车人机交互现状，笔者提出基于视觉关注理论的智能汽车座舱视觉认知模型，如图3-5所示，该模型结合视觉关注机制理论和信息处理模型的内容，将智能座舱的视觉信息作为行为产生的重要刺激物，以知识的形式不断内化到用户的长时记忆，最终通过交互行为反馈到智能座舱的次级任务执行。在信息加工过程中，大脑会把视觉对象之间的有时间和空间联系或接近性的元素看作整体对待，当用户执行驾驶任务时，基于特定任务的时间、空间关系进行视觉信息元素的加工和整合，不同视觉元素通过记忆和学习形成具有可认知、判断的推理图式，视觉空间认知图式的形成有利于用户不假思索地获取信息完成驾驶次任务，通过HMI设计人为地创造出引起大脑认知不同设计元素关联性的记忆或知识，可以减少视觉认知负荷，提高交互效率。

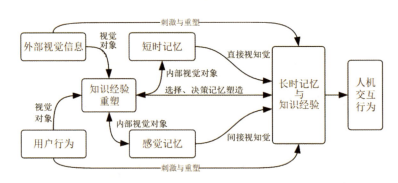

图3-5　智能汽车座舱视觉认知模型

智能座舱视觉交互空间的HMI设计要保证驾驶员驾驶任务的持续注意力，显示设备的尺寸、颜色、亮度和与背景的对比度应该帮助驾驶员搜寻和快速找到显示设备。以索尼Vision-S SUV智能座舱为例，视觉注意在上，操作交互在下，避免因为用户操作行为干扰用户注意力。同时，从后视镜屏、数字仪表到中控及副驾屏，通过视线的认知图式引导，满足人机交互关联信息搜索的视觉规律，从而减少信息获取的时间，降低人机交互任务中的认知负荷，保证用户能够较轻松地获取关键信息，如图3-6所示。

图 3-6　索尼 Vision-S SUV 智能座舱全景图

3.2.3　手部交互空间

智能座舱的手部交互空间,是人机操作行为的重要发生地,也是汽车人机设计时考虑和权衡控制显控设备位置的重要先决条件。如图 3-7 所示,SAE 推荐的座舱人机工程关键布置中[1],手部交互空间的设计一方面需要考虑大部分用户在完成特定交互任务或操作时的人体触达性,以保证控制装置在可触及范围内,另一方面也需要考虑显示设备位置,以保证信息显示在驾驶员自然视野范围内,不需要过多的手部运动来完成相关操作。保证驾驶员手部空间的舒适性,以最小的心理和生理负担迅速地操作控制装置,有利于降低操作分心带来的安全隐患,提升驾驶过程中的交互效率。

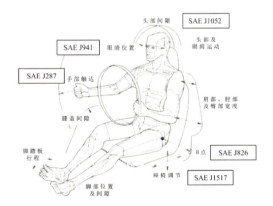

图 3-7　SAE 推荐的智能座舱手部及身体各部位的触达范围

---

[1] Rashid,Z. Z.,Abu Bakar,N.,Raja Ghazilla,R. A. Comparison of Malaysian and SAE J833 Anthropometric Proportions for Vehicle Package Design. In Advanced Engineering Forum,2013,Vol. 10,336-344. Trans Tech Publications Ltd.

可触达距离数值的定义是驾驶员可以抓握或手部完全触达控件的距离（而非简单地触碰）。如图 3-8 所示，智能座舱的手动操作装置最好能够放置在水平视线以下大约 35°的范围内[①]，这条线是从水平视线开始，以两眼瞳孔之间的点为轴，向下旋转 35°，30°～35°圆锥范围内是驾驶员在保持能发现前车刹车灯亮起的同时去寻找控制器的极限。ISO 相关标准认为需要驾驶员长时间控制的装置，应该被放置在驾驶员 30°以内的圆锥视野内，在此范围之外的控制器都应该可以盲视找到。另外，经常使用的操控装置应该放在容易触达的区域，并且尽可能地与向前的视线一致，以便减少扫视次数。

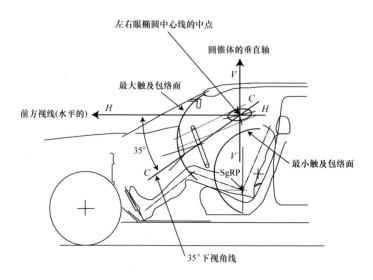

图 3-8　智能座舱手动操作装置布置区域示意图

图 3-9 展示了奥迪 E-tron 座舱内部的布局，可以发现整个布局围绕手部交互空间进行设计，在驾驶过程中娱乐系统和空调系统在右手位，驾驶员可以很自然地完成近场交互和中场交互。下中控台和空调系统的使用频次较大，布局上靠近驾驶位，使操作便捷性提高。车载娱乐系统采用触摸震动反馈式设计，精准的触觉反馈让操控更高效。驾驶控制相关的控件布置得靠近驾驶员，触控交互功能越低频，离驾驶员越远。

---

① Gustafsson，A. Personalizable Functions and Appearance：Development of Concept for Instrument Cluster Display in Cars.2013.

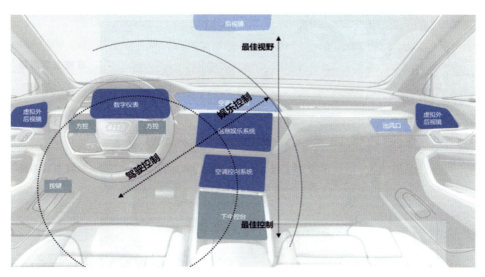

图 3-9 奥迪 E-tron 座舱内部布局示意图

此外，和手部交互直接相关的一个重要部件就是方向盘。受车机造型、功能、产品定位、技术成熟度等多种因素的共同作用，目前的方向盘按键过多，人机交互过于复杂，随着汽车的智能化转型，越来越多的功能集成到车机中，但是目前方向盘的智能化水平滞后于车机的智能化水平，且方向盘与中控及仪表功能的联动整合较少，导致驾驶过程中的信息传达效率较低，智能化体验不足。值得庆幸的是，不少车企已经开始尝试在方向盘的功能和 HMI 设计上做一些创新来优化方向盘体验。如图 3-10 所示，车企正在尝试通过简化方向盘的人机交互控件和操作方式来提升交互效率，拜腾汽车曾尝试将方向盘屏作为驾控交互的重要人机交互界面，也有主机厂尝试将带反馈的虚拟触控引入方向盘，甚至整合 DMS 对驾驶员状态进行持续监测以及健康传感器等新的功能。笔者认为，方向盘有望成为未来多屏交互与自动驾驶交互创新的重要部件，也是未来车内交互的重要交互载体，目前基于方向盘的多模态交互框架与人机交互组合方式还没有形成格局，车企需要重点关注。

图 3-10 方向盘创新

3.2.4 智能座舱硬件布局

智能座舱的硬件布局,一方面受乘坐空间和手部空间的硬件人机交互舒适性影响,另一方面受驾驶过程中的视觉注意影响。智能座舱中单个视觉要素如果与周围区域的差异性较大,如智能汽车座舱中独特的布局、数字界面中的特殊背景颜色和差异性的信息排布密度等,该显著目标将会自动吸引更多的视觉关注,另外,视觉注意也受主观意识和特定的任务或命令支配,可以通过引导视觉感知有次序地进行,人为地创造出引起大脑认知不同设计元素关联性的记忆或知识让用户感知信息的效率更高。

智能汽车座舱中不同类型的视觉要素承载不同的信息,通过座舱布局中各个要素与用户产生的交互作用,对智能汽车座舱视觉关注要素进行分类,有助于对智能汽车用户视觉规律和交互行为模式进行更为全面的分析和理解。整体而言,智能座舱的布局形式多为三种:以蔚来 ES 8 的布局形式为代表的中控竖屏、以特斯拉 Model 3 布局形式为代表的中控横屏、以理想 ONE 布局形式为代表的一字长联屏,如图 3-11 所示。

蔚来ES 8　　　　　　　　特斯拉Model 3　　　　　　　理想ONE

图 3-11　智能座舱的三种典型布局

基于视觉关注机制理论和时空接近性原理，结合视觉交互和手部交互空间的一般原则，三种布局各有优劣。中控竖屏的视觉中心较中控横屏及一字长联屏更低，这意味着用户需要同时转动头部以实现横向视野与纵向视野的视觉关注，来获取中控屏的视觉信息，在驾驶过程中对驾驶安全不利。但是从手部交互空间来看，中控竖屏的远端交互位置离驾驶员更近，有利于手部的操控和交互，对降低操作分心带来的安全隐患有利。中控横屏和一字长联屏的布局符合用户驾驶过程中的横向视野运动规律，中控横屏的单个视觉要素与周围区域的差异性较大，该显著目标将会自动吸引更多的视觉关注，会引导用户的视觉关注强行转移到任务相关视觉区域，引起的视觉分心程度较大。一字长联屏的各个元素互相关联，用户完成人车交互任务的视线组合控件也互相关联，因此在智能汽车驾驶过程中的视觉注意，较其他两种布局更符合人机交互关联信息搜索的视觉规律，有利于减少信息获取的时间，降低人机交互任务中的认知负荷。

3.3　智能座舱 HMI 设计要关注"信息"

3.3.1　信息的视觉传达

人机交互是人因学应用到计算领域，并从认知心理学理论衍生发展出来的新学科，而汽车人机交互则是智能化和数字化背景下，将人因学与认知心理学相融合并自成体系的新方向，除了传统的基于人体测量学的物理实体为主的"人因工程"外，更关注人和车的信息交互。从视觉、听觉、触觉、嗅觉和味觉的感官信息接收角度看，智能座舱 HMI 设计中的信息，一方面来源于仪表盘、中控、HUD、氛围灯的视觉信息，这些是最主要的信息来源。另一方面来源于车内语音、多媒体音频、提示音等听觉信息，这些是智能座舱信息的重要组成部分。最后就是通过直接和车内按键、触控屏、方向盘、座椅及安全带等接触所传递的触觉信息，这些是用户感知实体唯一且最直接的途径。嗅觉和味觉信息在车内的应用较少，会在第 6 章进行介绍。

  智能座舱的大量信息都依赖视觉通道进行感知，因此信息的视觉传达非常重要。构成汽车人机交互界面符号的基本要素包括色彩、形状、文字、布局、导航、动效等方面，良好的符号表达能较大地提升用户对信息的获取效率[①]，易于建立快速操作路径。从信息获取效率来看，人类对色彩的反应源自生物本能，形状是大脑在认知层面上的初级模式，文字则属于更高级的认知，越低级别的认知资源占用，用户反应越快，色彩符号在图形用户界面中的首要功能是传达信息，通常采用色彩的大面积分布，将信息加以归类整合，从而形成井然有序的用户视觉流程，有助于后续的任务操作，颜色的突出显示可以强调重点醒目内容，让用户在繁多冗余的信息中快速定位想要关注的内容，提高用户使用过程中接收信息的效率。另外，不同的色彩被用在不同提示程度的元素上，如智能座舱的警示 HMI 设计中，红色表示严重的错误、否定、限制性操作，黄色表示警告提醒，蓝色表示正常流程中出现的一般紧要程度的友好指令，绿色表示帮助和指示。

  图形用户界面中的规则符号包括文字、图标及信息的结构布局。文字视觉符号能非常直观地被用户理解，在图形用户界面中仍然是主体传达信息的关键元素。图形符号擅长表达具象对象，如图标的样式，而文字适合表达抽象意义。在汽车人机交互界面中，字体的可识别性和易读性影响抽象信息的快速传达，《车载视觉信息汉字显示规范》团体标准的研究表明，不考虑显示器的位置，汽车交互界面建议最小字号为 18～20pt，确认驾驶员在规定的扫视时间范围 1.8s 内可阅读的最多文字数量不能超过 12 个字，建议完成单次任务消息提示总量不超过 30 个字。从信息结构布局来看，线型布局指界面中重要的视觉信息按一根逻辑线有规则地进行排列，方格型布局结构适用于并列且没有主次关系的多个信息层，层型布局结构便于组织复杂的信息，而网络型布局在信息组织上比较自由。如图 3-12 所示，无论是扁平化设计还是卡片式设计，基本都是上述四种信息结构的重组与变形。

---

① 孙博文. 面向复杂交互情景下的车载信息系统界面层级设计研究 [D]. 北京：北京理工大学，2018.

图 3-12 智能座舱图形用户界面布局示意图

智能驾驶相关的可视化界面可以通过三维虚拟场景来传递车辆实时感知信息。在三维引擎中,对提前采集好的车道级信息和周边环境信息进行高精度仿真,融合车端的感知数据最终构建出实时展示的驾驶仿真场景,如图 3-13 所示,理想 L9 的导航辅助驾驶通过实时感知可视化界面,传递系统的透明化感知,从而提升驾驶员的情景意识。

图 3-13 理想 L9 的导航辅助驾驶

汽车交互界面设计需要充分考虑用户的视觉负荷、交互效率及交互的舒适性，因此需要综合考虑汽车人机交互界面的符号及信息结构，最终目的是提升用户信息的获取效率，建立快速便捷的操作路径。

3.3.2 视觉界面信息密度

人类记忆系统的工作方式类似于信息处理系统，刺激信息进入人脑后经过进一步的加工处理，通过感觉登记和短时记忆之间的信息加工处理阶段后，与先前掌握的储存在长时记忆系统中的信息进行匹配，刺激信息被传递到短时记忆系统后，开始以某种形式意义、形状、图像、声像等被保存下来，并通过不断地重复把信息向长时记忆系统转移、加工并给予保存。由于短时记忆系统加工处理后的信息传递到长时记忆系统需要经过语义编码，才能把信息长期保存在头脑中成为个体关于客观世界的永久性知识，而工作记忆指的是个体在执行认知任务中，对信息暂时储存与操作的能力，也就是对长时记忆系统中的信息进行提取、匹配与操作的能力。在人类的记忆系统中，视觉短期记忆也称为视觉空间工作记忆，是视觉通道中工作记忆的一个子系统，用于保留视觉信息来方便处理认知任务，视觉信息通过视觉刺激从感觉记忆传递到视觉空间工作记忆，视觉空间工作记忆处理视觉信息的有限能力并不取决于物体的数量，而是取决于信息量，即信息密度。

Weller将数字界面中信息密度定义为给定区域内的信息量与此区域面积的比值[1]，研究发现，信息密度是影响视觉搜索效率的重要因素，数字界面中整体密度越大，搜索时间越长，而局部密度大小对搜索效率没有影响。受认知负荷影响，在不同信息量导致认知负荷差异情况下，用户在数字界面中的视觉搜索有显著差异，Goonetilleke等学者对网页中中文文字横向、纵向以及均匀分布三种不同布局方式进行视觉搜索实验[2]，结果证明汉语为母语的用户更习惯采用横向水平的视觉搜索方式进行信息搜索，且更容易根据不同文字布局改变搜索策略以适应其视觉搜索效率。视觉搜索特征研究表明视觉搜索的空间具有一定的规律性，如图3-14所示，人们倾向于自上而下、自左而右地进行搜索，且上半部分区域高于下半部分区域，上视野相较下视野在局部信息的加工上存在优势，但需要更多地注意资

---

[1] Weller, D. The Effects of Contrast and Density on Visual Web Search. Usability News, 2004, 6(2).
[2] Goonetilleke, R. S., Lau, W. C., Shih, H. M. Visual Search Strategies and Eye Movements When Searching Chinese Character Screens. International Journal of Human-Computer Studies, 2002, 57(6), 447-468.

源分配；右视野相对左视野在言语、认知加工方面更具有显著表现，且右视野注意分配量优于左视野。

图 3-14　智能座舱视觉搜索特征示意图

元素交互性（Element Interactivity）是指为了理解信息而在工作记忆中同时处理的元素数量[1]，相关元素的交互程度一直是认知负荷理论的重要因素，是影响信息密度的关键特征。如果信息具有高度的元素交互性，则元素无法在工作记忆中单独处理，材料将变得更加难以理解。相反，具有低元素交互性的信息可以单独理解，而无须考虑任何其他元素。因此，元素交互性是内在负荷的驱动因素，也就是说，元素交互性对工作记忆容量的需求是正在处理的信息所固有的，如果元素交互性低，则内在负荷较低。

智能座舱中的视觉交互界面除了降低元素交互性外，还要提升车载界面信息的"信噪比"。"信噪比"的"信号"指的是交互界面的有效信息，而"噪声"是指无效的甚至干扰的视觉信息，提升车载界面有效信息的"信噪比"本质就是提升人机交互效率，一方面要考虑把"信号"加到最大，通过简明扼要的方式呈现视觉信息，让用户可以专注于信息本身，在驾驶过程中快速准确地识别信息并进行操作，另一方面则需要考虑把噪声降到最低，即在不影响功能的原则下，将其他视觉元素和交互动效减到最少。

驾驶员在驾驶过程中 60%～70% 的视觉注意力资源会用于控制车辆、保持行驶和突发事件应对等与驾驶任务直接相关的活动，在次任务的视觉占用中，为

---

[1]　Sweller，J. Element Interactivity and Intrinsic，Extraneous，and Germane Cognitive Load. Educational Psychology Review，2010，22（2），123-138.

了提高视觉搜索效率，关键信息的位置要优于其他辅助信息，信息的视觉传达要符合用户视觉搜索规律，以此来保证用户更加快速、准确地寻找符合的信息。这有助于提高视觉搜索效率，抵消信息密度过大对信息传递效率的影响。

3.3.3 视觉界面信息层级

智能汽车本身承载的信息量越来越多，除了车载娱乐系统本身的信息外，智能驾驶及新兴的交互技术都大大增加了信息传递的复杂程度，这对智能汽车视觉界面的结构逻辑化、高效化传达提出了更高的要求。汽车人机交互界面层级是指汽车人机交互信息系统中显示逻辑结构与执行逻辑结构间的关系，二者构成用户对界面的整体感知和认知，反映到界面设计层面，有清晰逻辑层级的界面设计是人与汽车信息系统高效互动的先决因素，也是驾驶员在驾驶过程中高效获取信息、处理信息、执行信息的重要因素。

在驾驶过程中，驾驶员与触屏交互需要消耗较多的视觉资源、动作资源及认知资源，这要求信息层级设计要降低认知负荷、视觉占用和操作频次，基于此，信息层级设计要遵循以下三个基本原则。

1. 高优先级信息需要在界面第一层级显著区域呈现，并具备高辨识性

根据人的视线搜索规律和视觉认知加工的特征，紧急任务相关的信息或高频的驾驶次任务如导航、空调调节、音乐等入口，需要在主页的第一层级显著区域呈现，且左右布局时上述入口适宜在界面左侧呈现，同时要具备高辨识性，可配合其他模态信息给驾驶员最快的信息传达。

2. 智能座舱信息娱乐系统界面信息层级不宜超过3个

信息娱乐系统中的信息层级过少会导致页面的内容信息密度过大，且展示会比较平均，很难突出所有重点信息，也会导致认知负荷的增加；信息层级过多会导致更多的操作切换，增加视线离开路面的时间，从而降低交互安全性。因此，除了高优先级信息需要在界面第一层级显著区域呈现外，在合理范围内呈现适当的信息，减少层级跳转，要求界面信息层级在1～3级较为合适，不宜超过3个。

3. 单个交互任务界面信息层级设计要尽可能减少选择时长，提高操作效率

除了视觉的信息传达效率提升外，手与信息娱乐系统的交互操作容易导致操作分心，单个智能座舱人机交互任务的层级越少，意味着用户在单个交互任务中的判断速度和交互时间等待越少，其交互效率越高；此外，单个交互任务的视觉焦点内不同层级信息的相对位置要保持固定，有利于用户快速扫视重要信息，并降低记忆负荷。

3.3.4 如何提升信息传递效率

智能座舱 HMI 设计中信息传递效率的提升，需要考虑人的认知和行为特点，人的信息接受能力，以及驾驶过程中信息处理活动的特殊性，针对性地进行设计优化，基于第 2 章总结的相关人因理论模型，以及驾驶过程中人的信息处理模式，本书提出以下 4 个提升信息传递效率的 HMI 设计要点。

1. 提升视觉信息的辨识度，并将视觉信息结构化，减少视觉负荷

从人的信息加工过程来看，信息感知处于信息加工的初期，出于安全考虑，在驾驶过程中，用户只能分配少量的注意力到中控屏上识别和寻找关键信息，所以减少视觉负荷的核心是提升视觉信息的辨识度，快速识别和方便寻找关键信息，以确保视觉信息能够轻松地、有效地被"感知"。无论是处于视野正前方的仪表和 HUD，还是需要转头查看的中控屏，在具体 HMI 设计中，应保证界面上的信息都在驾驶员可视范围内，字符、图标、图形的设计应当简单直观，可以让不同教育背景、驾驶经验的驾驶员都可以迅速识别，保证最小字号的字符和图标也能在车辆移动状态下轻松辨认；重要信息放在易于查看的位置且应该突出显示，文本应简短直接，此外，应降低纯装饰性的视觉元素和动效，避免干扰用户的信息获取；合理运用色彩，并利用分组创造视觉规律，将视觉信息结构化，帮助用户快速定位和识别信息。

2. 保证视觉信息的一致性，减少信息层级，降低认知负荷

驾驶员在感知到信息之后，通常会依据自己的期望或固有的心智模型来解释他所看到的显示信息并形成相应的理解，易理解性要求视觉信息的一致性，这种一致性体现在智能座舱交互、视觉等设计的多个层面全局的一致性，包括在不同页面和不同显示屏幕的操作方式、操作顺序、界面信息之间的分组方式、层级关系、显示位置、设计样式等方面始终一致，这样最大化地减少用户学习、理解的负担，任务操作步骤和视觉信息显示应符合用户预期和用户自然的交互习惯，让用户无须回忆，凭直觉就可以辨认出如何操作，如智能驾驶可视化界面，将车辆实时感知的信息构建成三维虚拟场景，以用户最熟悉的形式传递透明化感知；减少界面信息层级，提升界面信息的信噪比，减少层级跳转，提高操作效率，如导航、多媒体播放、空调调节等高频使用的交互任务应在主页展示。此外，信息显示与交互方式之间对应逻辑关系的易理解性，例如向左调节旋钮，则对应显示的信息向左运动而不应以相反方向运动，显示与交互的对应逻辑关系要避免引起歧义。人类的长时记忆过于牢固，通过提高系统显示的一致性，减少信息层级，可以降低驾驶员的认知负荷，提高信息的理解程度，减少用户思考，甚至是无须用户思考就能完成信息的感知和理解。

3. 简化操作步骤，同时增加反馈和合理的提示，减少用户的心理负荷

驾驶员在驾驶过程中，完成信息的感知和理解之后，需要进一步的决策和操作执行，如果操作太烦琐、步骤太多，可能导致中途放弃或操作错误，从而造成一定的心理负担。为了辅助决策和动作执行，界面设计中需要提供必要的、明确的、易于理解的提示和反馈，以帮助操作者理解系统中出现的信息，减少由于不熟悉、不理解而引起的失误，同时，作为独特的提示方式，警示提示需要警醒、明确、及时和易于区分，通过有效的警示提示设计，可以有效地提高系统的安全性，减少用户的心理负荷，让获取信息后的决策和操作更有效。

4. 通过多通道冗余的多模交互方式，提升信息传输的抗噪性和有效性

驾驶过程中通过多个通道并行的方式，可以提升信息的传递效率。多模态联动可以将不同场景下复杂的信息更多元地传递给驾驶员，尽可能地避免驾驶员在驾驶过程中丢失信息，如基于视觉的氛围灯结合基于听觉的警示音能有效引导用户快速处理问题并执行应对任务，提升信息传输的抗噪性。多模交互可以降低驾驶过程中的视觉和注意力资源占用，一方面针对不同场景可以提供灵活自然的交互通道，如触控、语音、手势等，另一方面用户也可以考虑利用物理按键、方向盘快捷键等为高频功能提供"盲操"，从而减少分心驾驶，提升信息传输的有效性和安全性。此外，多模交互能让不同性别、年龄、认知水平、熟练程度，甚至不同文化的用户都能够实现自由交互，从而提升信息的通用性和有效性。

3.4 智能座舱 HMI 设计评估与测试

3.4.1 HMI 设计评估概述

汽车 HMI 设计评估（或评价，以下统称评估）是车企验证用户体验/用户界面的关键行为，也是设计团队必不可少的环节，产品上市前设计团队往往需要对 HMI 设计进行多个轮次的评估与测试工作，保证产品的安全性与体验的一致性。目前比较常见的设计评估多通过智能座舱台架或直接基于中控屏或仪表屏进行测试，并结合产品界面数据埋点和主观打分进行综合评价，目前车企内部、学术界、标准制定机构、咨询公司以及汽车媒体公司都在试图构建一个大而全的汽车 HMI 设计评估体系。车企内部逐渐形成了比较粗放但执行性较强的 HMI 设计评估方法，但往往主观性较强，且缺乏一定的科学依据。学术界和标准制定机构的评估方法往往过于严谨，且实验方法复杂，导致实操性较差。咨询公司和一些汽车媒体公司建立了较为全面的评价体系，但评价维度过细，且不具备可解释性导致可用性较差。

智能座舱的终端体验者是用户，随着智能座舱产品设计开始从以产品为中心向以用户为中心转移，以往以产品功能为中心的可用性设计评估方法开始转向以用户体验为中心的评估方法。由于传统的可用性和用户体验存在概念和方法上的差异，智能座舱 HMI 设计评估标准缺乏一致性，但从其内在逻辑看，可以从"人因"角度进行统一，本书尝试从安全、高效、宜人等维度，阐述智能座舱 HMI 设计评估与测试的方法和流程。

3.4.2 HMI 设计评估维度及指标

无论采用主观评价、客观评价还是主客观的多指标综合评价，评价指标的确立是最为关键的一步。本书将在安全、高效、宜人等维度下，筛选出有价值、可解释、有实验支撑，且具备企业实操性的设计评价指标，供行业从业者参考使用。国际上对驾驶行为安全性和交互效率评价的主要指标包括驾驶绩效指标、眼动指标、生理心理指标、检测反应任务指标四类，而用户体验的舒适性维度多通过一些量表的几个关键指标来进行评估。

1. 驾驶绩效指标

驾驶绩效指标是驾驶员在驾驶过程中对车辆操作稳定性和安全性判定的车辆动力学指标或交通参数指标,是与驾驶安全强相关的指标,主要包括纵向速度、纵向加速度、车头时距、制动踏板位置、油门踏板位置等车辆纵向控制指标和横向速度、横向加速度、方向盘转角、车道位置等车辆横向控制指标,而鲁棒性比较强的指标是车辆横向偏移标准差(尤其是视觉分心安全研究)和方向盘转角变化量[①],车辆横向偏移标准差指标可以反映驾驶过程中,因为触控屏驾驶次任务导致的横向及纵向操纵能力的变化。但是值得注意的是,研究表明,视觉分心导致车速减慢,车道偏移变化率增大,相反,认知分心对车速没有影响,且减少了车道线偏离变化率,一种解释是,认知分心限制了驾驶员对可利用的注意力资源的分配,导致驾驶过程中的扫视行为被抑制,导致视线集中注视道路中央,因此增加了对车辆横向控制的认知输入[②]。这意味着,车辆横向偏移标准差的鲁棒性在认知分心方面较差。此外,视觉分心和认知分心都会影响车辆的转向特性,但研究表明视觉分心时驾驶员通过增加大幅度转向(大于5°)消除视线离开道路区域引起的车辆行驶误差,而认知分心时驾驶员通过增加小幅度转向(小于3°)增加驾驶安全的横向安全余量[③]。

从企业应用角度上来看,虽然驾驶绩效指标比较容易测量,但驾驶绩效指标需要依靠驾驶模拟器软件和台架完成驾驶指标数据的获取,而且需要依靠复杂的心理学实验来完成设计评估的过程,并且驾驶员行为会受到多方面的干扰,导致驾驶表现发生变化,因此单独使用该指标对驾驶安全的判别误差相对较大,对设计部门来说应用的普及性较差。

2. 眼动指标

眼动指标往往与驾驶过程中的视觉注意行为和认知行为相关,是驾驶安全强相关的指标。驾驶过程中眼睛的注视、扫视行为代表当前状态下的注意力分布情

---

① Choudhary, P., & Velaga, N. R. Analysis of Vehicle-Based Lateral Performance Measures During Distracted Driving Due to Phone Use. Transportation Research Part F: Traffic Psychology and Behaviour, 2017, 44, 120-133.

② ③ Engström, J., Johansson, E., & Östlund, J. Effects of Visual and Cognitive Load in Real and Simulated Motorway Driving. Transportation Research Part F: Traffic Psychology and Behaviour, 2005, 8 (2), 97-120.

况，眨眼行为和瞳孔大小在一定程度上可以表征人的情绪、状态和认知负荷。眼动指标主要采集驾驶员在驾驶过程中眼睛的注意数据，需要在实验过程中佩戴眼动仪等设备。美国国家道路交通安全管理局（NHTSA）[1]和日本的汽车工程协会（JAMA）[2]对车内电子设备交互行为的安全性进行了实验研究，得出鲁棒性较强的指标为视线离路时间，该指标可以有效地表征驾驶过程中因为触控屏及其他交互任务所带来的视觉分心安全风险。美国和日本的标准指定机构将该指标数据统计归一化以后基本一致，即驾驶次任务的累计视线偏离时长不超过12s（而利用视觉遮挡技术得出的累计视线偏离不超过9s），单次视线离路时间不超过2s。因此，视线离路时间（单次和一个任务的累计）及视线扫视次数可以作为视觉分心安全维度的关键指标。

随着认知需求的增加，伴随着瞳孔直径的变化，在一项证明瞳孔测量对认知需求的敏感性的经典研究中，瞳孔扩张随着要回忆的单词数量的增加而参数化地增加[3]，在与驾驶有关的研究中发现，驾驶员的瞳孔直径随着认知负荷的增加而线性地增加，其他相关驾驶研究也发现瞳孔扩张可以在1s的滞后时间内检测到次要任务造成的认知负荷增加[4]，这表明瞳孔测量可以用作驾驶过程中，智能座舱人机交互界面设计认知负荷评价的关键指标。此外，瞳孔直径变化也被用于区分警觉性的研究，警觉与平均瞳孔直径增加和标准差减小相关，瞳孔直径变化量是驾驶分心安全研究的关键眼动指标，也被证明是鲁棒性比较强的指标。

视线离路时间和瞳孔直径变化（量）是可以替代驾驶绩效指标的关键视觉及认知负荷测量的关键指标，大多数现代眼动追踪设备，都可以在距参与者很远的地方以非侵入性的方式，直观地获取单个任务的扫视时长与瞳孔变化数据，其生态效度相比于其他测量方式要高很多，现在有大量的主机厂用户研究部门、设计部门都采购了眼动仪设备，从硬件层面和普及性来看，具备比较好的应用前景。

---

[1] NHTSA-2010-0053-0016，https：//www.nhtsa.gov/staticfiles/nti/distracted_driving/pdf/distracted_guidelines-FR_04232013.

[2] JAMA Guideline for In-Vehicle Display Systems 2008-21-0003，https：//www.sae.org/publications/technical-papers/content/2008-21-0003/.

[3] Otero，S. C.，Weekes，B. S.，& Hutton，S. B. Pupil Size Changes During Recognition Memory. Psychophysiology，2011，48（10），1346-1353.

[4] Palinko，O.，Kun，A. L.，Shyrokov，A.，& Heeman，P. Estimating Cognitive Load Using Remote Eye Tracking in a Driving Simulator. In Proceedings of the 2010 Symposium on Eye-Tracking Research & Applications，2010，3，141-144.

3. 生理心理指标

在学术界,有大量的驾驶员因研究通过心电信号、脑电信号、肌电信号、皮电信号、呼吸、血压等医学领域的指标,并通过先进的算法来进行智能座舱人机交互界面设计安全性及生理舒适性的客观评价,其中脑电(EEG)的事件相关电位(ERP)、光学成像、心率和心率变异性、血压、肌电、皮肤温度等都是常见的生理和心理指标[1]。

EEG 允许高时间分辨率(毫秒)和神经活动的直接记录,可以检查特定驾驶任务下的标准频带中的振荡活动。ERP 是一种电生理反应,在时间上与特定的感觉、认知或运动事件始终相关,驾驶过程中的认知需求可以调节多个 ERP 成分[2]。例如脑电 P3 成分与检测传入刺激相关信息的任何变化所需的注意和记忆过程有关,P3b 成分起源于与注意力相关的颞顶叶活动并且与随后的记忆加工有关,心理负荷可以通过 P3b 潜伏期和振幅的增加来衡量。失匹配负波(一种对预先注意的信息处理敏感的负性 ERP 成分)、晚期正电位振幅(如与注意力分配有关的 P6)等成分,是研究驾驶环境中认知状态和行为表现的衡量标准指标之一。驾驶环境下脑部血流的光学成像测量(fNIRS)是研究驾驶员的脑部唤醒状态、任务负荷的方法,有研究表明在控制良好的现实驾驶环境中,脑血流的光学成像是研究大脑认知和唤醒状态非常有价值的工具。

心率(HR)和心率变异性(HRV)也是反映驾驶需求变化生理唤醒的常用指标,有研究发现相对于在模拟器中进行单项驾驶任务,在执行视觉和听觉双重任务时,由于认知需求的增加,心率会随着工作量的增加而增加,血压(BP)、皮肤电反应(EDA)、肌电(EMG)等指标也被应用到了驾驶过程中自动驾驶信任评估、认知负荷测量、唤醒度测量、身体负荷、肌肉疲劳等方面[3]。

从企业应用角度来看,由于生理心理指标需要佩戴各种各样的设备和传感器,且个体差异较大,容易受环境的影响,对设备、实验设计的操作准确性和科学性

---

[1] Lohani, M., Payne, B. R., & Strayer, D. L. A Review of Psychophysiological Measures to Assess Cognitive States in Real-World Driving. Frontiers in human neuroscience,2019,13,57.

[2] Lei, S., Welke, S., & Roetting, M. Driver's Mental Workload Assessment Using EEG Data in a Dual Task Paradigm. In In Proceedings of 21 st International Technical Conference on the Enhanced Safety of Vehicle,2009,6.

[3] Debie, E., Rojas, R. F., Fidock, J., Barlow, M., Kasmarik, K., Anavatti, S., ... & Abbass, H. A. Multimodal Fusion for Objective Assessment of Cognitive Workload: a Review. IEEE Transactions on Cybernetics,2019,51(3),1542-1555.

要求较高，所以企业应用的普及度不高。

4. 检测反应任务指标

2013 年 Harbluk 等人提出了驾驶的检测反应任务（Detection Response Task，DRT）指标[①]，这是一种新兴的对于驾驶员认知注意负荷的检测量方法，该方法的基本逻辑是随着驾驶员负荷的增加，驾驶员对于 DRT 目标刺激的反应时间也在增加，命中率随之下降，所以可以通过测量 DRT 的绩效来评价驾驶员的工作负荷。在驾驶过程中，可以通过测量驾驶员对特定界面任务的反应时间、命中率（或准确率）、操作频率等指标，来对智能座舱人机交互界面的信息传递效率进行设计评估。

5. 负荷及舒适度评价指标

除了安全性和交互效率等指标外，还有负荷及舒适性评价的相关指标，车企应用比较多的是通过工作负荷量表（NASA TLX、SWAT 或 VACP 模型）、主观体验满意度量表（SUS、UEQ）等对交互界面的具体功能进行评价。

工作负荷量表以 NASA TLX 为例，该量表是美国航天局 1988 年开发的一个多维度的脑力负荷评价量表，共有六个维度：脑力需求、体力需求、时间需求、努力程度、绩效水平、受挫程度[②]。使用方法分为三步：第一步，确定因素权重，采用两两比较法，对每个因素在脑力负荷形成过程中的相对重要性进行评定；第二步，对六个因素进行量化评定；第三步，对确定的因素权重和评估值进行加权平均，求出最终脑力负荷值。该量表已成熟运用于驾驶员在驾驶过程中因触控次任务导致的脑力负荷情况。如图 3-15 所示，NASA TLX 可以用单个维度作为评估的依据，也可以通过总分来进行整体评估。

主观体验满意度以 SUS（System Usability Scale，系统可用性量表）为例，SUS 最初由 Brooke 于 1986 年编制[③]，可用于驾驶过程中完成特定驾驶次任务时，对产品或系统整体进行宏观的可用性定量测量，是科学地量化用户体验整体感受的一种方法，SUS 总分可以作为智能座舱界面设计舒适度评价的一个指标。

[①] Harbluk，J. L.，Burns，P. C.，Tam，J.，& Glazduri，V. Detection Response Tasks：Using Remote，Headmounted and Tactile Signals to Assess Cognitive Demand While Driving. In Driving Assesment Conference，Vol. 7，No. 2013.
[②] Hart，S. G.，& Staveland，L. E. Development of NASA-TLX（Task Load Index）：Results of Empirical and Theoretical Research. In Advances in Psychology，1988，Vol. 52，139-183.
[③] Brooke，J. System Usability Scale（SUS）：A Quick-and-Dirty Method of System Evaluation User Information. Reading，UK：Digital equipment co ltd，1986，43，1-7.

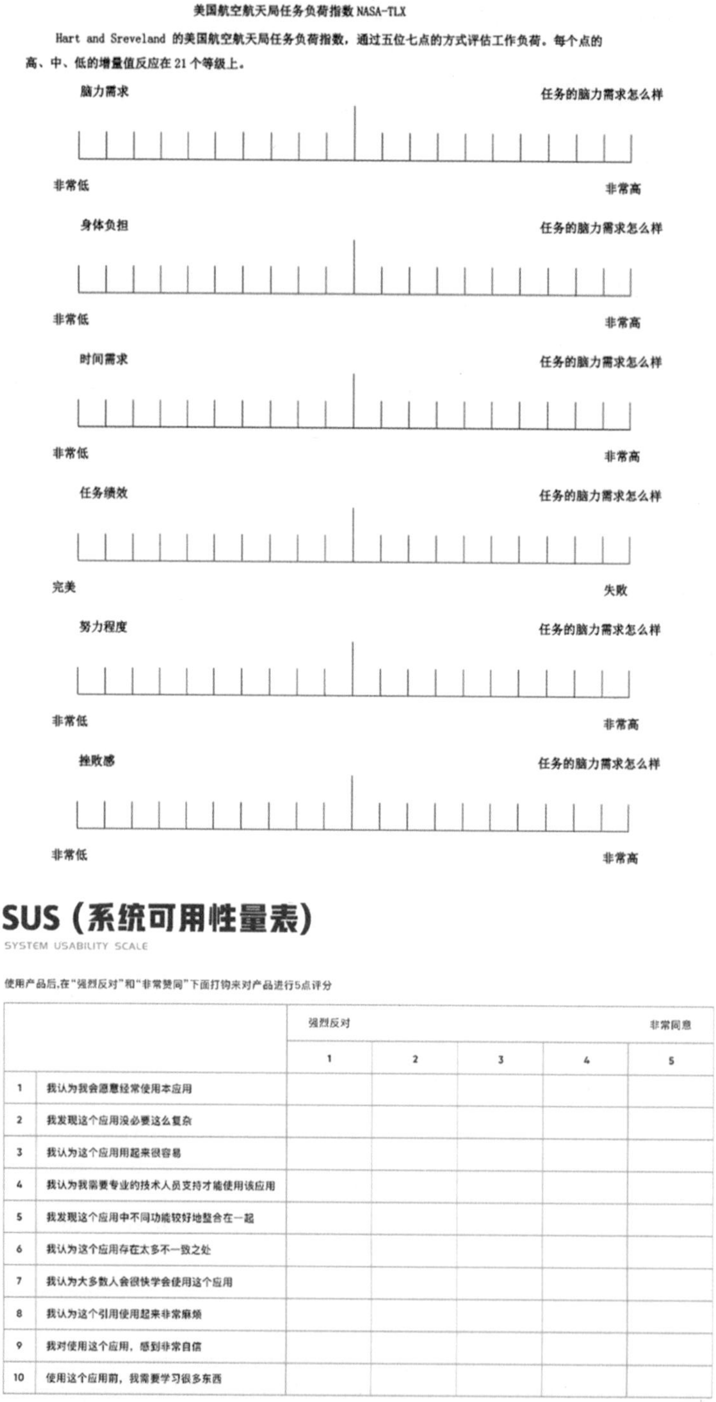

美国航空航天局任务负荷指数 NASA-TLX

Hart and Sreveland 的美国航空航天局任务负荷指数,通过五位七点的方式评估工作负荷。每个点的高、中、低的增量值反应在 21 个等级上。

脑力需求　　　　　　　　　　　　　　　任务的脑力需求怎么样
非常低　　　　　　　　　　　　　　　　非常高

身体负担　　　　　　　　　　　　　　　任务的脑力需求怎么样
非常低　　　　　　　　　　　　　　　　非常高

时间需求　　　　　　　　　　　　　　　任务的脑力需求怎么样
非常低　　　　　　　　　　　　　　　　非常高

任务绩效　　　　　　　　　　　　　　　任务的脑力需求怎么样
完美　　　　　　　　　　　　　　　　　失败

努力程度　　　　　　　　　　　　　　　任务的脑力需求怎么样
非常低　　　　　　　　　　　　　　　　非常高

挫败感　　　　　　　　　　　　　　　　任务的脑力需求怎么样
非常低　　　　　　　　　　　　　　　　非常高

SUS（系统可用性量表）
SYSTEM USABILITY SCALE

使用产品后,在"强烈反对"和"非常赞同"下面打钩来对产品进行5点评分

		强烈反对				非常同意
		1	2	3	4	5
1	我认为我愿意经常使用本应用					
2	我发现这个应用没必要这么复杂					
3	我认为这个应用用起来很容易					
4	我认为我需要专业的技术人员支持才能使用该应用					
5	我发现这个应用中不同功能较好地整合在一起					
6	我认为这个应用存在太多不一致之处					
7	我认为大多数人会很快学会使用这个应用					
8	我认为这个引用使用起来非常麻烦					
9	我对使用这个应用,感到非常自信					
10	使用这个应用前,我需要学习很多东西					

图 3-15　NASA TLX 和 SUS

除了上述指标外,智能座舱的乘坐体验也可以通过特定的人因软件进行评价,如 Siemens Tecnomatix Jack 和国产的 SoErgo 软件,都属于人机工程的典型仿真分析工具。如图 3-16 所示,SoErgo 软件通过集成数字人体建模、作业任务仿真、人机工程分析及虚拟现实等功能,可以通过智能座舱的可视性、舒适性、可达性、操纵姿势舒适性等指标,实现智能座舱硬件的舒适性评估。

图 3-16　SoErgo 人因分析软件

3.4.3　HMI 设计评价评估方法

驾驶安全性评价和人机交互的设计方法以多指标综合评价法为主,随着多指标综合评价方法的不断丰富和发展,许多现代综合评价方法,如主成分法、聚类分析、模糊综合评判、因子分析法、数据包络分析法、灰色关联评价法和熵值法等得到了广泛应用,但是从车企应用角度来看,企业内部搭建 HMI 评估体系要充分考虑评价体系的科学性、实操性及全面性,评价的目的是优化设计而非简单地得出评价结果,因此,在各类多指标综合评价方法的应用过程中,应充分考虑消除主观性的同时,让客观的指标具有设计指导意义。

HMI 设计方案在发布版本前,需要经过台架测试及实车路测进行测试评估。台架测试主要测试车机 HMI 设计的可用性,实车路测则是发现不同场景下设计潜在的问题并进行修复和优化,这个阶段车企也会寻找测评机构对 HMI 设计进行评估,并输出优化报告,供车企完成新版本的设计迭代。无论是车企内部的台架验证,还是外部咨询公司的评估,本质上是找到人机交互过程中的设计和体验问题,这些问题均可以拆解为安全、效率、宜人三个维度,而基于用户体验和用户需求正向推导 HMI 设计的最佳形态并建立评价体系,是满足用户需求提升车机体验最重要的出发点。

如前文所述，在车企进行 HMI 设计评估的安全性维度中，可以选取视线离路时间、瞳孔直径变化（量）、SWAT 量表作为安全维度的核心指标，如果车企有能力获取车辆的 CANBus（Controller Area Network Bus，控制器局域网络总线）数据，可以考虑将车辆的横向偏移标准差及方向盘转角变化量纳入安全维度的指标体系中。交互效率维度可以考虑检测反应任务的反应时间、命中率（或准确率）、操作频率为交互效率的核心指标。在宜人性维度可以考虑结合 NASA-TLX 和 SUS 量表作为主要的舒适度评价指标。上述指标均可通过简单的眼动仪、摄像机（或数据埋点）结合问卷完成数据的采集，而且数据的采集需要结合智能座舱的人机交互实验来完成，其中视线离路时间、瞳孔直径变化（量）、反应时间、命中率（或准确率）、操作频率指标均可以通过实验获得，而 NASA-TLX 和 SUS 量表只需要通过专家或用户招募，完成打分即可，最终通过定性研究结果和定量研究数据的综合评价方法进行多指标综合评价，为车企搭建自己的 HMI 评估体系提供参考。

层次分析法是较为常见的综合评价方法，该方法通过定性和定量相结合来处理各种评价因素。模糊层次分析法是将模糊法与层次分析法的优势结合起来，解决不同维度指标不一致的问题。利用模糊层次分析法完成智能座舱 HMI 设计评估，整体可以分为以下三个步骤。

1. 分析问题，建立模型

分析设计评价问题，确定评价系统中安全、效率、宜人维度，以及各维度对应的下属指标要素，建立多级评价模型。

2. 确定权重

对同一层次的指标要素以上一级的要素为准则进行两两比较，并根据评定尺度确定其相对重要程度，最后据此建立模糊判断矩阵，第一层级建议安全 > 效率 > 舒适，第二层级的指标要素比较要根据第一层的准则进行对比，确定各要素的相对重要度。

3. 评测方案得分及排序

通过综合重要度的计算，对所有的 HMI 设计方案进行优先排序，从而为决策人选择最优方案提供科学的决策依据。

值得注意的是，模糊层次分析法能够通过算法计算单个设计方案在不同维度下的分数和总分数，而三个维度下的得分更重要，建议企业能够在安全、效率、宜人的维度下，不断完善各个指标的打分体系，在模糊层次分析法的基础上，形成一个动态变化的、不断优化的评价体系，服务于企业的智能座舱 HMI 设计评价及优化。

此外，从人因绩效的角度看，计算人因建模预测绩效表现的另外一个可靠的评估方法是 VACP（Visual，Auditory，Cognitive，Psychomotor）模型[①]，该模型基于多重资源理论（Wickens，1984），通过视觉、听觉、认知、心理活动等维度来系统评价人机交互绩效。VACP 模型认为人的认知任务执行以串行方式执行，任何一个通道任务其执行成功或失败将影响整个任务，从而影响总体任务绩效。VACP 模型常被用来进行多模态交互的任务绩效评估，在评估过程中，需要测试人员对每一个通道进行打分（0～7 分），分数越高代表占用通道的负荷越高。以驾驶过程中的多模态交互为例，驾驶员需要通过视觉通道来判断前方的路况，在通过语音交互执行某个驾驶次任务过程中，或涉及触控的操作，可以通过 VACP 模型对该任务进行打分，并对不同通道分配权重，最后综合得分即该驾驶次任务总体工作绩效的评估情况，目前，随着认知心理学的研究逐渐深入，学术界也从认知的串行模式往并行、并串结合的方向逐渐开展深入研究。VACP 模型也在不断修正和完善，该方法在企业应用较少，但因为其实操性较强，且具备一定的可解释性，该模型未来有一定的应用前景。

3.4.4 如何落地进行测试应用

企业执行智能座舱的 HMI 设计评价的完整测试流程，主要包括目标用户与专家的筛选、招募与访谈，智能座舱 HMI 测试评价场景搭建，评估实验的设计与执行，主客观数据分析四个阶段，企业可以根据自己的实际需求，针对性地进行评估。通用的 HMI 设计评价至少需要将高频功能如空调调节、导航、多媒体等高频功能的设计界面进行完整的测评，对智能驾驶等新功能进行更细致的评估。

目标用户与专家的筛选、招募与访谈： 招募目标用户和专家是非常重要的一步。目标用户是后面实验的直接参与者，通过用户的深度访谈可以明确目标用户的群体特征、人生理念、生活方式和情感诉求等，同时也能获取用户最真实明确的倾向和反馈，挖掘目标用户对智能汽车的需求和产品痛点等，明确其在智能汽车上

[①] Mitchell，D. K. Mental Workload and ARL Workload Modeling Tools. Army Research Lab Aberdeen Proving Ground MD. 2000.

的主要活动和交互任务，同时对用户的了解有助于更全面地进行实验设计。专家的招募与访谈有助于让专家更宏观地对测评产品智能座舱 HMI 设计进行理解，降低后续各个指标打分排序的个人偏见。

智能座舱 HMI 测试评价场景搭建：主机厂根据实际需求，可以在测试台架或真实道路上进行测试。真实路测需要在特定的驾驶路线上进行人机交互界面的测试，驾驶模拟台架测试需要选取通用的驾驶场景，在正常散射光线条件的模拟环境下，以 40～60km/h 的典型城市路面驾驶速度行驶，并完成特定人机交互任务。无论选择哪种测试场景，都需要用户佩戴眼动仪的同时，通过安装好的摄像头实时记录用户完成各个交互任务的时间。

评估实验的设计与执行：评估实验的设计可以更好地研究设计变量（x）对绩效变量（y）的因果关系，实验设计需要针对评估目标，明确自变量 x 的范围和界限，同时通过控制无关变量的方式，建立自变量 x 与视线离路时间、瞳孔直径变化（量）、反应时间、命中率（或准确率）、操作频率等因变量指标的关系，同时采用单因素或多因素的被试内设计（被试被分配到所有自变量的所有水平）等实验设计方法，在自变量的不同类别或水平下，采用平衡拉丁方阵设计，来平衡自变量不同顺序对被试的影响。实验设计完成后，需要在测试台架或真实道路上进行测试，测试前需要通过眼动仪采集自然状态下被试的眼动数据基线，测试过程中需要采集视线离路时间、瞳孔直径等数据，通过视频（或数据埋点）获取反应时间、命中率（或准确率）、操作频率等数据，被试完成不同人机交互任务后填写 NASA-TLX 和 SUS 量表，获取被试宜人性维度的数据。

主客观数据分析：执行完成评估实验后，测试后的数据将被进行统一处理及分析，可将眼动追踪、视频（或数据埋点）、NASA-TLX 和 SUS 量表数据进行处理，并分析不同的 HMI 设计变量对安全、效率、宜人的影响。

企业在执行智能座舱 HMI 设计评价测试过程中可以有所侧重。如果侧重于 HMI 设计的分心安全评价，可以重点考虑将 HMI 的设计布局、架构等变量对视线离路时间、瞳孔直径变化（量）及操作频率的影响作为重要的评估方向。如果侧重于效率或舒适性，可以优先将反应时间、命中率（或准确率）及 NASA-TLX 和 SUS 量表数据作为重要的评估数据。总的来说，我们希望企业能够利用上述评价及测试方法，进一步完善和拓展车企智能座舱 HMI 评估的能力，帮助企业迅速建立适合自己的 HMI 设计评估体系。

第 4 章

智能座舱中数字仪表的 HMI 设计

4.1 汽车仪表的功能及发展概述

4.1.1 汽车仪表发展的四个时期

对于驾驶员来说，仪表是人车对话的一扇最直接的窗口。汽车一旦启动，就要频繁查看车速、挡位、能耗等信息，还需要对上面可能突然亮起的红色、黄色指示灯保持警醒。汽车仪表 HMI 设计是否可用、易用，对驾驶安全至关重要。

自汽车诞生之日起，仪表板（Dashboard）、仪表盘（Instrument Panel）或组合仪表（Instrument Cluster）就是一个重要的汽车组件。在智能座舱中，数字仪表和抬头显示（Head-up Display，HUD）、车载信息娱乐系统、副驾及后座娱乐系统等共同构成一套联动的完整体系。如图 4-1 所示，从功能定位来看，仪表是全车的驾驶信息显示中心；HUD 分担了仪表信息显示的部分功能；中控是车控和娱乐通信中心；而副驾及后座主要提供娱乐特别是影音娱乐功能。

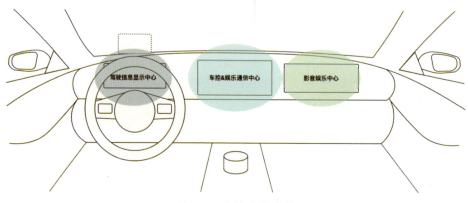

图 4-1　座舱功能定位

无论是燃油车还是新能源汽车，一块数字仪表通常可以显示几十、上百种信息。有了仪表的存在，驾驶员可以将更多注意力放在路面上，专注开车的同时也能及时掌握车况和驾驶信息。

汽车仪表一直在与时俱进。近年仪表越来越高科技化，比如出现裸眼 3D 仪表盘、支持通过语音交互或手势操作更改仪表设置，以及搭载增强现实抬头显示（AR-HUD）的车型从高端车型向大众车型扩散……很难想象，仪表诞生之初只是一块保护驾驶员免受泥土飞溅的挡板。

从技术变革的角度来看，仪表大致经历了机械式仪表、电气化仪表、数字化液晶仪表，以及仪表加 HUD 四个时期。

时间回到 120 多年前，"仪表"是固定在马车前的一块木质或皮质挡板，防止泥土或碎片溅到驾驶员身上。福特 T 型车（如图 4-2 所示）在 1909 年问世，让汽车走入寻常百姓家。当时，它的最高速度只有 56km/h，因此并没有必要使用速度表。后来，汽车的机械复杂性增加，仪表板上开始设置各种指示表和控制器，让机械运转情况对驾驶员可视化，仪表的驾驶信息显示功能自此开始建立。

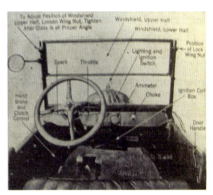

图 4-2　福特 T 型车

早期的汽车仪表驱动是机械式的，表盘上的指针通过金属管与变速器上的齿轮连接而模拟出车速。第二次世界大战结束后，人们对汽车的需求大幅增长，各种艺术化、风格化的表盘设计开始出现。20 世纪 40 年代至 20 世纪 60 年代，美国汽车制造商在仪表盘上铺满镀铬和透明塑料，尽管阳光照射下会产生反光，但旋钮和复杂的设计在当时被视为时尚和豪华。图 4-3 是 AC 眼镜蛇的仪表盘。

机械式仪表只能给驾驶员提供汽车运行中必要且少量的信息，由于技术原因，还存在数据波动、不够精准等问题。而且，这一时期的仪表以显示信息为先，刺眼强光让夜间行驶不够安全。与现在的仪表相比，机械仪表功能单一，但指针显示方式比较直观——通过指针所处位置提供当前车速、转速水平的参考，这种设计沿用至今。

图 4-3　AC 眼镜蛇的仪表盘，上面布满大小不一共 7 个仪表

20 世纪六七十年代，欧洲和日本汽车制造商采用更实用、简洁的仪表盘和仪表板设计，仪表盘向现代设计美学转变，风格渐趋朴素。同时，汽车逐渐普及，人们开着车上下班或长途旅行，越来越看重汽车的便利性和舒适性，一些迎合人日常需求的设计被引入车内，比如空调、杯架、速度表、油量表等。

这一时期，仪表盘由纯机械的显示架构发展成电磁脉冲式。两个大表盘（转速表和速度表）或两大两小四个表盘（小表盘是水温表和油量表），结合中间一块行车电脑屏幕（用来显示油耗、胎压、续航里程，以及夜视辅助等信息），组成了典型的电气化仪表盘（如图 4-4 所示的大众高尔夫的仪表盘）。电气化仪表盘显示内容的可靠性较高，信息通过归组和布局显示层级，通常还与内饰灯光进行设计融合，让夜间查看更加安全舒适。由于成本较低、性价比高，当下仍有不少汽车使用电气化仪表盘。

图 4-4　大众高尔夫的仪表盘

随着消费电子产品中 VFD、LED 和 LCD 等显示屏的出现，一些制造商开始使用带有数字读数的仪表。与此同时，汽车高度电子化，大量信息涌入车载系统，推动全液晶数字仪表的发展。

全液晶数字仪表（如图 4-5 所示的宝马 i8 系列仪表）的尺寸多样，显示效果和信息容量大为提升，数据精度和灵敏度明显改善，液晶屏幕可以随车外光的强弱而调整亮度，适合人眼辨识，驾驶员读取信息更容易也更舒适。此外，在数字仪表上，用户可以自定义显示内容和样式，满足个性化的信息需求。不过，如果对大量、复杂信息的显示层级处理不当，有可能造成信息过剩，导致视觉疲劳。在全液晶数字仪表时代，仪表中"表"的属性逐渐减弱，指针式的设计不再是必需，但仪表仍是车辆和行驶信息的中心展示区。

图 4-5　宝马 i8 系列仪表

近些年，搭载 HUD 的车型纷纷亮相，汽车座舱内出现了仪表与 HUD 共存的局面，它们共同承担驾驶信息显示的功能定位。实现 HUD 可以通过多种方法，包括传统的 C-HUD（Combiner HUD）、目前在市场上占主流的 W-HUD（Windshield HUD），以及正快速发展的 AR-HUD（Augment Reality HUD）。

从驾驶员的角度来说，HUD 以直观的方式将信息呈现在眼前，有利于提升信息传递效率。但 HUD 特别是 AR-HUD 尚未完全成熟，显示效果和系统稳定性尚存在一定问题和挑战。比如，在白天黑夜不同光线下、复杂道路环境下以及雨雪等极端天气下，HUD 难以保证信息始终清晰可见。此外，目前大部分量产车上的 AR-HUD 投射出的虚像与实景会产生不匹配的现象，无法随着驾驶员头部位置或车辆抖动而实时调节画面位置，有可能引起眩晕和不适感。图 4-6 是大众 ID. 系列 AR-HUD 效果图。

图 4-6 大众 ID. 系列 AR-HUD 效果图

4.1.2 汽车仪表进化为驾驶员带来的好处

从遮泥板到与 AR-HUD 联手，仪表的发展不仅受到技术进步的驱动，也体现出对驾驶员体验与需求的越发关注。概括而言，仪表的进化为驾驶员带来了以下好处。

（1）数据越来越准确清晰：在机械式仪表时期，仪表可以提供的信息十分有限，速度等数字也不够准确，有可能车辆超速都不知道，而电子式仪表能够对实时行驶速度进行检测和显示，数字仪表更是将数据精度和灵敏度大幅提升，并且在布局上突破两个表盘加一个行车电脑显示屏的限制，可以让信息更加清晰易读。

（2）适应多样光照环境：因无法调节亮度，机械式仪表为夜晚驾驶带来安全隐患，电子式仪表在某些环境光源下也存在反光、眩光问题，而全液晶数字仪表的亮度可进行手动调节，或根据环境光强弱进行自适应调节，无论白天黑夜，驾驶员都能看到比较清晰、悦目的界面。

（3）显示信息满足个性化需求：以往，不同品牌、不同车型的仪表大同小异，用户对仪表上各种信息的需求度和使用频率"默认"是一样的。数字仪表让作为信息提供方的仪表和作为信息使用方的用户产生双向交互，允许用户进行个性化设置——可以按驾车场景、个人喜好选择仪表信息组合和界面风格。

（4）显示位置更利于安全驾驶：无论是将中控屏上的地图导航信息显示在仪表上，还是将车速、转向等高频查看的信息放在驾驶员视线前方的 HUD 上，都让信息更易于查看，占用驾驶员更少的注意力和视觉资源，更好地保障驾驶安全。

（5）显示效果提升情境意识：从冷冰冰的数字、复杂的表盘，到3D车模、动画和炫酷的场景渲染，全液晶数字仪表可以支持更逼真、更情感化的显示效果。这一方面增强了仪表的科技智能感，另一方面也能帮助驾驶员提升情境意识，从而对不断变化的信息和外部环境更及时地做出反应。

4.2 数字仪表 HMI 设计原则及实施

4.2.1 汽车仪表设计的人因及人机工程要求

作为人车对话的直接窗口，仪表的布置和设计要适应和满足用户，也就是驾驶员的能力和需求。但以往，新驾驶员往往要经过专门的学习和记忆，才能读懂仪表上的信息，做到与车辆互动。还有些时候，为了与座舱中其他部件兼容，以及应对多变复杂的外部环境，仪表的可读性受到损害，可用性做出妥协，结果不仅没能让驾驶员轻松、愉悦地驾驶，还增加了驾驶难度。汽车仪表发展到今天，行业越来越关注如何把人因和人机工程尽早、尽可能全面地应用于仪表中，以此获得用户体验的提升。以下介绍仪表布置和设计要遵循的一些规范和要求。

1. 视野可视性

当驾驶员观察仪表时，为了减少其视线从前方路面移开，应保证视野可视性。仪表一般布置在驾驶室前围板上、方向盘上半部后方。仪表的位置需考虑三方面的因素：①仪表平面的目视距离（视距）；②仪表平面的角度；③方向盘和操纵杆遮挡。

视距是指仪表中心与驾驶员眼椭圆中心两点连线的距离，如图4-7所示。由于人的身高、体形不同，眼睛的位置也是不同的。运用统计的方法研究汽车驾驶员的视力范围，人们发现其视点分布是椭圆形的，所以称为驾驶员"眼椭圆"（eyellipse）。汽车驾驶员眼椭圆的概念是由美国汽车工程师协会（SAE）研究提出的，SAE的眼椭圆分为第90、第95和第99百分位，分别代表某个百分位人体的眼椭圆分布范围。

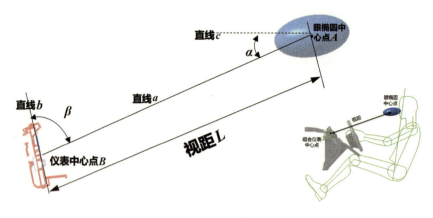

图 4-7　视距

关于仪表视距，各国法规标准并没有严格规定。美国 SAE 依据设计师 Henry Dreyfuss 的研究，建议仪表视距最大 710mm，最佳 550mm。目前全液晶仪表盘常见的尺寸是 12.3 英寸，也有 8 英寸、9 英寸、10 英寸的屏幕，视距设置在 630～750mm。屏幕越大，视距可以越远一点。最佳距离需要结合经验和实验，反复调试确定。太远会看不清，太近则容易产生视觉疲劳。

仪表平面的角度是由仪表中心点与眼椭圆中心点连线确定的。研究表明，当视线与观察物平面垂直时有效认读误差最小，故仪表中心点和眼椭圆中心点连线与仪表平面的夹角一般控制在 90°左右，上下调节幅度不超过 10°。仪表属于下视显示，驾驶员查看仪表时视线通常需要向下转动。为了使驾驶员无须转动头部，眼睛自然转动就可以看到仪表盘，同时余光可以监测前方路面情况，下视显示器应放在驾驶员正常水平视线以下不超过 30°的位置上[①]。

此外，仪表的布置要避免方向盘遮挡，在进行界面设计时需留意仪表造型边界约束，将重要信息置于可视区域内。根据国家标准（《GB/T 17867—1999 轿车手操纵件、指示器及信号装置的位置》），仪表上 12 项符号标志（如蓄电池充电状态、安全带警报、制动系统故障等，多为故障报警灯）在任何状态下均需直接可见，不能被方向盘遮挡。为了最大限度地保证仪表的可视性，方向盘、仪表、控制杆会被视为一个系统，在设计过程中要持续评估仪表显示信息的遮挡情况。而在进行仪表 HMI 设计时，设计师往往需要与座舱布置工程师沟通，以确保指示灯展示符合要求。

---

① Vivek D. Bhise. 汽车设计中的人机工程学 [M]. 北京：机械工业出版社，2014.

2. 应对反光、成像问题

数字液晶仪表在车内的造型主要有两种：嵌入式和悬浮式，目前这两种造型同时存在，但显现出向无边框悬浮式发展的趋势。嵌入式强调驾驶舱的整体性，通常配有遮光罩，遮光效果更好，使得仪表的显示效果更好。而无边框悬浮式体现科技感、智能感，表盘尺寸一般较小，由于没有遮光的结构部件，对屏幕显示性能要求较高。

驾驶员在观察组合仪表时，车外的光源可能通过组合仪表反射到人眼内，引起眩目现象。同时，组合仪表内的光源可能通过仪表罩或车窗玻璃反射到人眼，引起反光现象。眩目、反光都会让驾驶员看不清仪表信息，直接影响行车安全，进行仪表布置时需要规避。

汽车仪表布置还需应对成像问题。据汽车人机布置专家黄超俊总结，成像主要分为三种情况：侧风窗成像、前挡风玻璃成像、人体自成像。

侧风窗成像：主要是看成像的区域是否落在外后视镜观察区，落得范围越大，越有可能造成问题。要解决或规避这个问题，首先要避免使用自发光字符，或发光的字符要偏小一点。从 HMI 设计的角度来讲，可以从颜色上进行规避。还有技术角度的解决方案，就是使用电子后视镜（CMS）。其他措施还包括加大屏幕与镜落差，以及通过贴膜解决。

前挡风玻璃成像：如果仪表灯光通过前风窗玻璃反射到人眼里，仪表就会在前风窗上成像，严重干扰驾驶员对前方路面信息的观察，影响到行车安全，在夜晚尤其容易发生。为应对这一问题，常规做法是为仪表加"帽檐"（遮光罩）。如果仪表屏幕较小，可以离人体更近一些，或者适当加大仪表水平角度。以上做法都会让成像问题有所改善。

人体自成像：日间开车的时候，仪表屏幕仿佛一个镜面，上面可能反射出驾驶员自身。人机工程要求，仪表反光需通过侧窗玻璃和前风窗玻璃进入的光线是否能反射眼椭圆进行校核。但就目前而言，这一问题较难规避，人们经常通过贴膜缓解。

仪表反光和成像问题如图 4-8 所示。

图 4-8 仪表反光和成像问题示例

3. 字符颜色和大小

仪表上字符的颜色与大小,直接影响可读性和驾驶员的阅读效率,尤其是仪表上的各种报警提示,如果不能让人及时注意和辨识,很容易导致安全风险。

国标和欧标均对仪表指示灯的颜色做出了规定。报警灯一般为红色、黄色,红色紧急、紧迫性最高,代表"危及人身安全,或易对设备、系统造成严重损害",黄色则需要引起注意,通常是非正常操作或汽车系统故障,可能导致汽车损害。工作灯一般为绿色、蓝色,显示的是车辆安全的、正常的操作方式或工作状态(GB 4094—2016)。不过,国标中只规定了常见信号装置标志应为何种颜色,并没有具体规定颜色的波长或色度,所以不同车厂的颜色属性会有一些差异。

此外,针对仪表上各类标志的颜色和位置,国标还提出了一些基本要求,比如,标志相对于底色应清晰可辨。汽车仪表常见的组合是黑色背景、白色字符。ISO 15008 国际标准指出,某些颜色组合因不易辨认应避免使用,比如黑底蓝字。

字符的大小与人的阅读时间和阅读正确率息息相关。黄超俊指出,根据行业经验,仪表上重要信息文字高度大概是 3～4mm,次要信息文字可以是 2.5～3mm。行业内普遍认可的最小字符高度要满足 12°的可视角度,16°的视角被认为是可以接受,推荐视角为 20°(ISO 15008)。最小字符高度计算公式为 $H \geqslant VA \times L/3438$。基于经验,业内常用 $H \geqslant L/200$ 这个公式来推算最小字符高度。

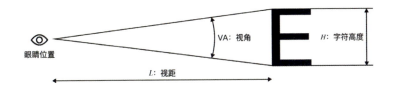

图 4-9　字符高度推算示意图

除了大小，国家标准（GB 4094—2016）还提到，仪表图标设计应仔细考虑标志的线条粗细、线间隙、符号和箭头形状等。文字线条不能太细，也不能太粗。为了保证可读性，车机 HMI 通常使用无衬线字体。

以上所讲的人因或人机工程要求，有的是国际标准或国家标准，有的是行业经验，既是汽车布置、内饰设计所要注意和解决的问题，也对仪表 HMI 设计构成以下启示。

（1）在进行布局设计时应留意仪表造型边界，将重要信息置于驾驶员可视区域内，避免可能的方向盘或操纵杆遮挡。

（2）为减轻液晶屏幕反光成像问题，在仪表上尽量不要使用自发光字符，同时在用色上避免大量使用饱和度和明度较高的鲜艳颜色。

（3）在仪表标志的颜色选择上，要注意红、黄、绿、蓝这四种常用色的含义，遵循国家标准指引和行业规范，同时也要考虑字符和背景的颜色组合，让信息能清晰可辨；仪表上的字符不能过小，而且线条粗细要比较均匀，建议使用无衬线字体。

4.2.2　数字仪表 HMI 设计原则

尽管全液晶数字仪表的布局形式可以多种多样，但驾驶员对上面信息的需求没有太大变化，主要涵盖车辆状态、行车数据、驾驶辅助、导航等几方面。为了让驾驶员可以专注于驾驶，并基于仪表信息进行及时正确的决策和操作，数字仪表的设计不仅要满足汽车 HMI 设计的通用原则，比如反馈及时、设计元素一致，而且要遵循一些特有的交互和视觉设计原则，比如信息易读易理解、场景化分层展示、交互轻量自然以及传递品牌特色等。下面对这些原则进行逐一说明。

1. 信息易读易理解

驾驶员对仪表的使用，通常都是在驾驶过程中，伴随着驾驶这个主任务，因此仪表 HMI 设计应帮助驾驶员高效获取信息，确保能够通过一两秒的时间扫视快速获取识别，避免因看不清或看不懂而造成危险。仪表新信息的易读性和易懂性受到字符颜色、对比度、大小、内容长度和光照环境等多种因素的影响。

在颜色上，大多数车厂会选择黑色等较深的颜色作为背景色，避免因阳光直射或夜间黑暗情况下看不清仪表。华为车机应用和谷歌 Automotive OS 都规定文本与背景的对比度至少达到 4.5 ： 1[①]，并建议使用更高的对比度，尤其是在夜间模式下，建议对比度为 5 ： 1（ISO 15008）。但对比度并非越高越好，过高的对比度容易造成视觉疲劳，华为建议深色模式下背景与文本或图形的对比度不大于 18 ： 1[②]。不同对比度的效果如图 4-10 所示。

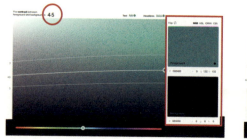 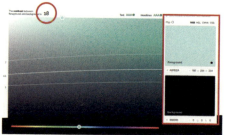

图 4-10　黑色背景下，对比度分别为 4.5 ： 1 及 18 ： 1 的效果示意

此外，前文提到，仪表上的字符不能过大，更不能过小。国内外主流的车机 HMI 设计系统对文字大小有明确规定，其中，百度车联网建议文字的最小高度为 22 弧分或 4.5mm[③]，谷歌驾驶设计给出的文字大小为 24～32dp（约为 3.8～5mm），华为建议 5.4mm。以上大小主要针对中控，仪表通常在驾驶员正前方且距离更近，字符可以略小一点。仪表上字符的大小，最终需要综合考虑屏幕大小和距离来确定。

仪表上的各种提示、报警信息应尽量简洁，避免驾驶员花费过长时间消化信息而分心，甚至造成危险。根据《车载视觉信息汉字显示规范》，驾驶员在规定

---

① Google Design for Driving, https://developers.google.com/cars/design/design-foundations.
② 华为车机应用设计规范, https://developer.huawei.com/consumer/cn/doc/distribution/App/ui-0000001064106567#section1321525221711.
③ 百度车联网设计规范, https://chelianwang.baidu.com/homepage/openPlateform/design/sec-4-1.html.

的扫视时间范围 1.8s 内可阅读的最多文字数量不能超过 12 个字，建议完成单次任务消息提示总量不超过 30 个字。百度车联网则建议不多于 13 个字，以 7～9 个字为宜。数据类的信息可通过恰当的可视化帮助驾驶员理解和比较，比如以柱状图显示剩余电量，以及通过加大字号、字重等突显关键信息。图标、图形的设计应当以认知度、普适性为原则，让拥有不同教育背景、驾驶经验的驾驶员都可以迅速理解。此外，仪表上的信息和呈现方式，应避免干扰用户，纯装饰性的视觉元素、复杂动效和滚动文字等要谨慎使用。

2. 信息场景化主次明晰

汽车仪表所承载的信息包括行车信息、导航、驾驶辅助、报警提示、社交娱乐和功能设置等类别的信息（见表 4-1），光图标就有几十种。传统燃油车与新能源汽车在仪表显示信息上有一定差异。由于能量来源不同，燃油车的油箱、发动机相关信息（如油量指示表、水温表、发动机转速表等）在电动汽车上被电池组和电机相关信息（如电量指示表、电动机功率、电动机转速表等）取代。

表 4-1　汽车仪表显示的信息内容

行驶状态信息	导航信息	驾驶辅助信息	提示报警
车速 发动机/电动机转速 油量/电量 水温（燃油车） 电动机功率（新能源） 挡位 总里程 续驶里程 气温 时间 驾驶模式	导航目的地 导航方向 导航地图路线 行驶方向 限速	自适应巡航（ACC） 车道辅助系统（LDW/LKA） 自动紧急制动（AEB/FCW）	报警灯（如安全带提示、车门未关、胎压异常、制动系统故障等） 通知弹窗

在进行数字仪表信息架构和界面布局设计时，需要对几大类信息进行优先级排序，从而在有限的空间内更好地展示，让信息层级明晰、核心信息突出。从与安全驾驶的相关度来看，报警、提醒类信息具有最高优先级，临时性且需用户做出反应的功能状态信息（如语音、来电媒体等）次之，再往下是在页面常驻的车速、功率等驾驶相关信息及电量、续航里程等行车基础信息。地图导航虽然层级较低，

但因为用户会较长时间连续使用,一般占据较大显示面积,而且不应被通知、语音和来电等临时性信息遮挡(如图 4-11 所示)。

仪表信息组织的目的,是通过合理的分类、布局和层级结构,为驾驶员在复杂的驾驶情境下和大量信息中,筛选并呈现所需要的关键信息。将信息优先级对应到页面设计上,需要塑造层次感,进行视觉引导。仪表上重要信息的呈现,一方面可以在主页面布局上占据固定的、较大比例的位置,比如车速、转速、油量或电量等;另一方面也可以通过超越主页面的形式出现,比如弹窗提示。

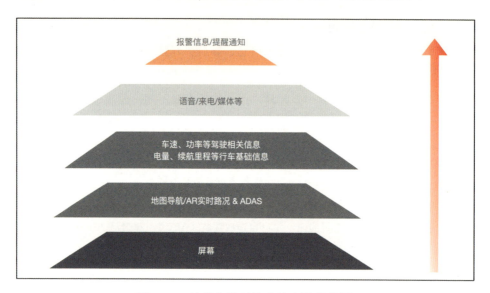

图 4-11　按优先级对仪表信息进行分层

仪表承载的信息不会同时出现,建议随着场景的变化而有所调整。在不同场景或主题下,比如城际模式和高速模式、运动主题和简约主题,仪表界面的布局、显示比例可以分别定义。举个例子,奥迪 A6L 全液晶仪表(如图 4-12 所示)在导航模式下,挡位和车速显示面积变小、信息层级降低,而地图导航作为主场景铺满整个屏幕。仪表提供的信息,应围绕当前场景下用户最需要的信息进行提炼、分组和主次分明地展示,过滤或弱化不相关的内容,或通过视觉效果(如颜色深浅)打造空间感,最终实现场景下内容的分层展示。

图 4-12　奥迪 A6L 液晶仪表在表盘和导航模式下的信息展示

3. 交互轻量自然

汽车仪表以信息展示为主，较少承担座舱内的人机交互任务。从驾驶员的信息输入来看，对仪表的查看即视觉是最常用的通道，而重要信息可考虑通过图形界面、语音、触觉等多模态传达，并根据不同场合和信息重要性，灵活组合模态，为用户提供有效且自然的交互体验。

仪表一般不支持触屏操作，驾驶员目前主要通过方向盘上的按键（方控）、方向盘后的拨杆以及语音三种方式，实现对仪表的控制。方控在操作可及性上较佳，甚至可以做到"盲操"。在开车过程中，驾驶员可以通过方向盘上的按键或拨片切换主题模式或修改仪表设置。物理按键在交互设计中采取一对一的映射，一步直达完成操作，让操作复杂程度大为降低。语音控制旨在"动口不动手"，可以让驾驶员无须将双手脱离方向盘就完成对仪表的操作。

近年，业界积极探索仪表的主动交互。比如，在遇到泥泞路段时，仪表显示会产生微妙的动效，提醒驾驶员小心行驶；在车速过快或车距过小时，通过仪表四周的颜色变化来吸引驾驶员注意，以保证行车安全。警示信息要让驾驶员及时获知，比如提示音可与其他类型的提示音有明显差异，但又不至于引起分心或紧张，建议通过提示音逐渐加强等方式帮驾驶员建立接受过程。如果以强烈的视觉元素加急速提示音的方式传递并不那么紧急的预警，很容易让人感到突兀甚至冒犯。

4. 传递品牌特色

仪表是汽车的一个组成部件，不仅承担具体的、重要的功能，而且也是品牌形象和体验的载体。在进行仪表 HMI 设计前，就应确认品牌理念和特色，以及思考如何在仪表上强化品牌基因、提升品牌辨识度。为了增强品牌感知，不少车厂都会花心思设计仪表开机动画、转场动效，让品牌标志、主题颜色或图形等标志性元素增加露出，务求给用户留下深刻印象。以 GMC 悍马 EV 为例（如图 4-13 所示），该车型运用越野、雪地等场景及车模渲染，以及特色动效，表现"越野野兽"这一产品定位；而宝马 i8 的仪表设计（如图 4-14 所示），与品牌运动、豪华的形象一脉相承。

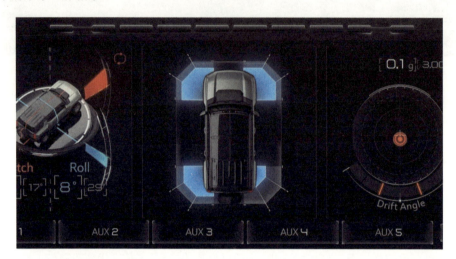

图 4-13　GMC 悍马 EV 特色开机动效

图 4-14　宝马 i8 仪表设计体现品牌运动及豪华定位

上文提到，随着场景的变化，数字仪表可以切换主题，比如以表盘为主的界面和以导航为主的界面。不少品牌将这一功能升级为个性化服务体验，让驾驶员可以自定义仪表风格和界面上的内容，以更加契合不同用户的需求。有品牌将仪表设置与用户 ID 绑定，"记住"不同驾驶员的喜好，进一步打造品牌智能化体验的亮点。

5. 及时性和一致性

及时性：在驾驶员执行驾驶任务或对仪表进行操作时，需要给予及时性的反馈，让驾驶员始终清楚当前所处状态，或是获得命令确认，进而建立和巩固对于系统效率和安全性的信心。反馈的方式包括视觉、听觉和触觉等，可结合情境使用一种或多种渠道。比如，在宝马 i8 系列的数字仪表设计中，在车速过快的情况下，仪表上会出现橙黄色的警示色，以这种方式将"需要减速"的信息传达给驾驶员。

一致性：按照尼尔森（Jakob Nielsen）的说法，一致性可以有效降低用户的学习和认知成本，从而提高产出、减少错误。设计的一致性不仅包括视觉元素，也包括操作交互、文字等的一致性。就仪表 HMI 设计而言，同类信息，比如提示报警，出现的位置、形式等应尽可能保持一致和可预测性，帮助驾驶员直觉性地判断信息属性，避免因布局的变动而造成困扰或引起认知偏差。此外，应把车机

HMI 界面视为一个整体，仪表与其他屏幕通用的元素，如颜色、图标、用词、基本动效等，均需保持一致。

总结来说，仪表 HMI 设计有以下原则。

1. 信息易读易理解

- 选择黑色等较深的颜色作为背景色，文本与底图的对比度至少要达到 4.5 ∶ 1;
- 仪表上重要信息的字符不能过小，高度要达到 3～4mm;
- 文字信息长度不宜过长，每次显示不超过 12 个字，以 7～9 个中文字为宜。

2. 信息场景化主次明晰

- 进行仪表 HMI 设计之初，应对信息进行分类和优先级排序，然后在界面布局和视觉上突出高优先级的信息;
- 仪表展示内容可以随着场景的变化而有所调整，与当下场景相关度越高，信息层级就越高。

3. 交互轻量自然

- 用户与仪表的交互应轻量自然，通常通过方控或语音方式实现，让驾驶员的注意力可以集中在安全驾驶上，无须过多转移视线;
- 重要信息可考虑通过图形界面、语音、触觉等多模态传达;
- 警示信息的出现应帮助驾驶员建立接受过程，避免过于突兀或冒犯。

4. 传递品牌特色

- 仪表可通过开机动画、动效、视觉风格等传递品牌特色和理念;
- 随着场景的变化，数字仪表可以切换主题，允许用户进行个性化设置。

5. 及时性和一致性

- 在驾驶员对仪表盘进行操作时，需要给予及时反馈，让驾驶员始终清楚当前所处状态和操作结果;
- 仪表 HMI 设计在视觉元素、操作交互、文字等各方面要保持和其他车载系统的一致性。

4.2.3 数字仪表 HMI 设计实例

在整车开发过程中,仪表 HMI 设计大致遵循以下流程:首先明确车型产品定位;其次梳理仪表的功能范围和信息类别;再次根据用户需求和使用场景,对功能信息进行归组分层,完成信息架构的定义,并与界面布局相匹配;最后进行交互和视觉设计,其间要经过多轮设计评审和原型测试。下面以某自主品牌的仪表为例,对数字仪表 HMI 设计流程做详细说明,并介绍如何在设计的各个阶段遵循上文所讲的人因要求及设计原则。

1. 产品定位

仪表是整车产品的一部分,应体现一款车的特色和主张,并承载品牌基因。进行仪表 HMI 设计前,要从全局出发,把一款车的所有触点,包括仪表、中控、HUD、副驾屏,乃至语音助手、车主 App 等视为一个整体,形成统一的设计方案。一款新车通常在产品企划阶段就需要明确主打客群和市场定位,比如为年轻人打造的运动型 SUV,或是服务于城市中产家庭的中大型 SUV。车载系统 HMI 设计应基于产品定位,确立体验目标和设计原则,从而指导各触点的交互和视觉设计。这一阶段的工作,对仪表最终设计能否"传递品牌特色"至关重要。案例中的仪表是一款电动轿跑 SUV,瞄准中高端市场,座舱内的 12.3 英寸 AR 全液晶虚拟仪表(如图 4-15 所示)是这款车的亮点之一,在 HMI 设计上着重突出豪华感和智能化。

图 4-15 带 AR 实景地图的仪表

2. 功能梳理

在明确目标人群和产品定位后，设计师一般要结合仪表的功能列表，对内容信息进行梳理整合，将其结构化，以便后面定义信息架构和界面布局时，可以据此决定展示位置和展示方式。仪表的信息通常涵盖以下类别：行驶状态信息、导航信息、导航辅助信息、提示报警信息、社交娱乐或多媒体信息，此外需要支持用户对仪表进行多种设置。在梳理功能框架时，经常要将开关机效果一并考虑在内。仪表普遍可以进行主题模式切换，显示的信息范围会随着主题的改变而有所调整。依据"信息场景化主次明晰"的设计原则，在梳理功能信息时，设计师需要基于场景和用户任务筛选信息、判定优先级。

3. 信息架构

仪表设计的核心是信息层级和信息架构的设计。对仪表信息内容的层级划分，主要依据对驾驶安全的影响程度。笔者认为，驾驶辅助相关信息，故障报警、预警类信息，以及电量、续航里程等行车基础信息，都属于高优先级，地图导航信息次之，而通信、媒体相关信息优先级较低。三层以上、过深的层级关系并不适用于仪表HMI设计，因为仪表的信息层级越浅、主次越分明，用户才能越快捕获关键信息，注意力才能更多集中在前方路面上。图4-16是案例车型的仪表信息层级。

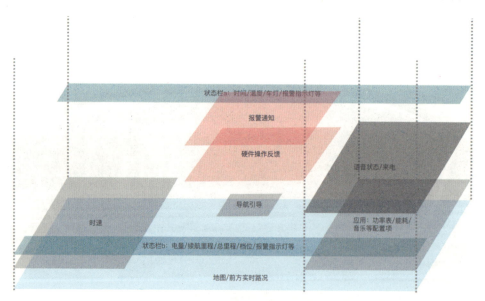

图4-16 仪表信息层级

4. 界面布局

仪表界面设计最常见的是左中右布局,传统仪表设计将发动机转速和车速两个表盘置于两边,中间是行车电脑屏幕,各种指示灯会在仪表最上方或两个表盘的中间位置显示。到了数字仪表时期,不同品牌和车型的仪表界面多种多样,但左中右的布局仍是主流(如图4-17所示)。在不同主题模式下,仪表显示的内容会有所变化,如案例中的车型就提供传统仪表、驾驶辅助和地图导航三种模式(如图4-18所示)。在驾驶辅助模式下,中间会展示高级驾驶辅助系统(ADAS)相关功能,如自适应巡航(ACC)、车道保持辅助(LKA)等。而在地图导航模式下,画面主体被地图导航占据,各种提示、警示弹窗叠加在地图上面显示。在进行仪表界面设计时,既要考虑如何让信息在场景下可以分层显示,主次分明,也要满足视野可视、规避反光成像等人机工程要求,注意重要信息不被遮挡。

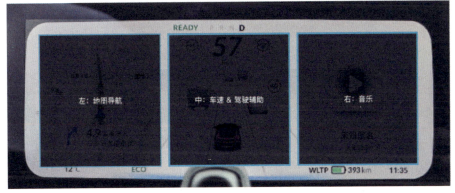

图 4-17　仪表常见的左中右布局

图 4-18 驾驶辅助模式（上）和地图导航模式（下）

在设计完基本布局后，通常会进行低保真原型设计——把信息放入界面中查看效果。仪表上的区域一般可以分为固定区域和可配置区域，根据信息的重要性和出现频率进行分配。在传统仪表设计中，信息可分为五类：①非常重要的信息，比如车速表、转速表、燃油表和水温表；②重要信息，包括挡位、里程、总里程和驾驶模式等；③重要但不经常出现的信息，比如各类报警指示灯；④主要信息，比如行车电脑信息、导航、ADAS、通知、通信多媒体信息等；⑤次要信息，比如时间、外温。信息的重要程度，可以通过面积大小、层级深浅、色彩明暗等体现，自然地塑造区分多个模块间的视觉重量，以此来构建视觉层次。

5. 交互框架

完成信息层级和布局设计之后，需要把方控、物理按键和所有功能，包括仪表上的功能，以及关键页面进行交互框架的设计（如图 4-19 所示）。用户在使用方向盘与仪表进行交互时，流程是怎样的、每个页面呈现的状态是怎样的、如何提供操作反馈，需要通过流程图和原型图做出定义。前文提到，仪表以信息显示为主，交互应遵循轻量自然的原则，在用户做出操作后，如通过方向盘上的按键切换驾驶模式,仪表应及时提供反馈。另外,同类操作的交互应保持一致性。

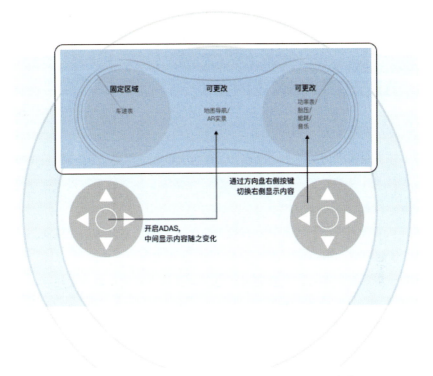

图 4-19　通过方向盘上的按键更改仪表的显示内容

6. 视觉和动效设计

最后,就是基于品牌设计规范,进行仪表 HMI 高保真原型,以及开机动画、转场动效等视觉设计。表现层的设计,在符合国标、行业标准对基础视觉元素(如文字、图标)的颜色大小规定的基础上,可进一步探讨如何传达品牌特色。需要强调的是,动效设计并不只是为了追求炫酷的效果,让开机、加载、转场等具有娱乐性,而是要为信息传达服务,让"信息易读易理解",在保证驾驶安全的前提下,帮助用户了解当下的情境。近年很多品牌使用逼真的 3D 车模展示车辆状态、安全预警等,让用户可以获得更直观的体验。

仪表设计是智能座舱 HMI 设计的一环,应与其他屏幕的设计,包括但不限于中控、AR-HUD、副驾屏等综合考虑,从而打造具备整体性的用户体验。以往,仪表的设计更多从功能配置出发,不同品牌、不同车型的仪表大同小异;但现在,仪表 HMI 设计需要从用户场景、任务和需求出发,不仅要保证安全和高效,而且在用户看来要可用、易用、智能。仪表 HMI 设计的过程不是线性的，而是不断迭代优化的，在设计过程中要多次进行评审和测试，收集用户反馈，直至满足既定的体验目标和设计原则。

4.3 AR-HUD 与仪表的竞争

4.3.1 AR-HUD 的出现

分心或者说注意力从前方道路挪开，是危害驾驶安全的一大因素。HUD 这项光学投影技术，从战斗机应用转移到车载，正是为了让驾驶员可以将视线集中在路面，专心驾驶。

以往，驾驶相关信息大多显示在仪表盘上，驾驶员需要转动视线向下甚至微微低头，才可以看到车速、转速等信息，因此仪表也叫"下视显示"。而 HUD 是利用图像发射装置，通过一个反射镜，将图像投放到驾驶员前方视线区域内，比如前挡风玻璃上，属于"平视显示"。

第一台配备 HUD 的汽车出现在 1988 年，是通用汽车公司的 Cutlass Convertibles，次年日产公司将其推向市场，生产了第一个配备 HUD 的量产车 240SX and Maxima[①]。如今，几乎所有豪华车都提供至少一种可以选装的 HUD，以体现高配置和科技感。图 4-20 所示的是奔驰 S 级轿车上的 AR-HUD。

图 4-20　2021 年奔驰 S 级轿车上的 AR-HUD

---

① The Past and Future of the Head-up Display, the Original Augmented Reality, https: //nymag.com/intelligencer/2019/01/the-past-and-future-of-the-head-up-display.html.

初期的 HUD 主要是 C-HUD 和 W-HUD 两种产品形式。C-HUD 的图像界面是一块位于驾驶员视野前方、与挡风玻璃分开的组合器，通常是透明树脂材料，组合器可以收起和装卸。W-HUD 则是利用光学反射的原理，将信息投射到挡风玻璃上。受限于技术水平，HUD 存在不少缺陷或不足：只能呈现少量的车辆行驶数据，和简略的导航引导，信息与窗外实景没有直接关联；在明亮的光照下或眩光背景下可能无法看到投影；前方实景可能被 HUD 图像挡住；等等。以上种种情况，不但没有减少驾驶员分心，还会造成干扰，引人焦躁，与车载 HUD 的初衷背道而驰。

随着光学、AR、图像识别、系统算力等技术进步，HUD 进入 AR-HUD 时代。2020 年，奔驰宣布在 S 级量产车上搭载 AR-HUD，其后，红旗 E-HS9、大众 ID.4、奥迪 Q4 e-tron、长城 WEY 摩卡、北京汽车"魔方"、AITO 问界 M5 等多款配备了 AR-HUD 的量产车型先后亮相。

与 C-HUD 和 W-HUD 相比，AR-HUD 不仅成像区域更大、投射距离更远，而且与真实道路环境融合更为紧密，在一定程度上改善了显示效果。AR-HUD 可以显示路上路况、行人、交通信号等实时信息，以及结合 ADAS 的感知功能，提供车道偏离、跟车距离、碰撞预警等。

传统 HUD 的虚像距离（Virtual Image Distance，VID，指投影虚像到人眼瞳孔之间的距离）通常只有 2～3 米，水平视场角（Field of View，FOV）窄的话小于 4°，宽的话也只有 7～8°，而 AR-HUD 要在驾驶员前方至少 6 米处投射虚像，远可至 10 米甚至更远，FOV 也能达到 10°以上[1]。AR-HUD 结合了 HUD 和增强现实显示技术，以自然的距离将信息叠加在路面实景之上，等于在前方路面上加标注。并且，AR-HUD 可以与 ADAS 等系统深度整合，基于实时路况提供车道偏离预警、前车距离警告等，提高驾驶员的态势感知能力，也带来更沉浸的驾驶体验。传统 HUD 和 AR-HUD 的异同如图 4-21 所示。

---

[1] P. A. R. YAMIN, J. PARK & H. K. KIM. Towards a Human-machine Interface Guidance for In-vehicle Augmented Reality Head-up Displays. ICIC Express Letters，2021，15，1313-1318.

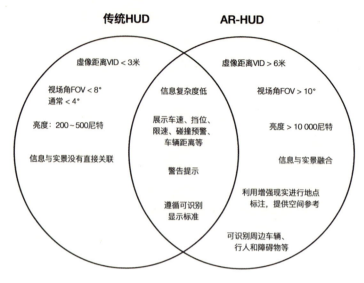

图 4-21 传统 HUD 和 AR-HUD 的异同

根据《2022 中国智能汽车发展趋势洞察报告》，HUD 在中国智能座舱的市场渗透率位列倒数第三，仅高于手势识别和面部识别，不过 2017 年至 2021 年呈现缓慢但稳步的上升趋势[①]。业内普遍认为，HUD 未来在智能座舱的应用会越来越多，显示质量也会不断改善，而 AR-HUD 是下一代车载 HUD 的必由之路。据预测，AR-HUD 在 HUD 市场的份额将在 2030 年增至 43% 左右。

4.3.2 AR-HUD 的现状及挑战

虽然业界普遍看好 AR-HUD 的发展，但要实现真正的 AR 显示效果，为驾驶员提供直观准确、无须思考的驾驶引导，AR-HUD 还面临不少难题和挑战。

首先，AR-HUD 应用于展示哪些信息、如何展示，需要依据用户需求谨慎取舍。AR-HUD 的设计要点是将影响驾驶员驾驶决策的信息置于最高级别，以提高用户认知效率，减轻认知负担。如果 AR-HUD 上信息量过大，可能引发认知捕捉（Cognitive Capture）问题，也就是驾驶员由于多种视觉刺激而分心，降低对外部环境中重要物体（如行人、前方车辆）的注意力。因此，在 AR-HUD 上的信息需要被精简，信息架构应该简洁明了，有明确的信息优先级，不显示与当前驾驶任务无关或无用的信息。

---

① 汽车之家，2022 中国智能汽车发展趋势洞察报告。

基于用户心智模型，有研究总结用户对 AR-HUD 上信息的需求有三大类：①实时了解车辆状况；②实时掌握导航信息以做出驾驶决策；③及时获知驾驶环中的潜在危险[①]。上文提到的搭载了 AR-HUD 的多款量产车，基本上都会显示如下信息：车速、限速、行驶方向、车道保持以及自适应巡航等 ADAS 相关信息。而差异包括：在导航信息的选择和呈现方式上并不完全一样，比如奔驰 S 级的 AR-HUD 会显示距离目的地的距离和预计到达时间；对是否显示音乐、电话等非驾驶相关信息没有共识；还有的车型提供多种视图模式，允许用户自定义设置，如理想 L9 设有"简洁模式"，用户可以关闭导航或辅助驾驶可视化，只留下时速和车速。

与仪表上的信息相比，HUD 或 AR-HUD 上的信息量大为减少（见表 4-2）。根据希克定律（Hick's Law），界面上用户面临的选择数量越多，反应时间会越长。在开车时，驾驶员需要同时留意多个视觉元素，当中包括道路前方的车辆和行人信息，留给 HUD 的信息展示空间并不多。用户信息处理的临界值还有待研究验证，可以肯定的是，不能把仪表上的信息照搬到 AR-HUD 上，而是要有所取舍，把仪表、中控上与当前驾驶关联性最高的信息提取出来。

表 4-2 AR-HUD 通常显示的信息（带 * 的信息并非所有 AR-HUD 都显示）

行驶状态信息	导航信息	驾驶辅助信息	报警提示	社交娱乐/多媒体
车速 限速 能耗 *	AR 动态引导 转向 距离目的地距离 * 预计抵达时间 * 前方拥堵情况 *	定速巡航 车道偏离预警 前车距离警告 * 行人碰撞警告 *	超速违章提醒 * 系统报警（如胎压异常、制动系统故障等）*	来电

其次，AR-HUD 的显示效果还有很大的提升空间。具体而言包括：AR-HUD 呈现的数字化虚像与实景道路环境的融合或自然贴合问题；画面位置如何根据驾驶员的视线和头部姿态进行实时调节；AR-HUD 展示能否根据天气、光线等外部环境进行动态调整。还有一个很严重的问题是，目前 AR-HUD 很难不出现延时，因为车速很快，但系统数据传输和成像有延迟，导致标记对象（如周围的车、路口转向箭头等）遗漏或偏差，不利于行车安全。

目前，大部分量产车型的 AR-HUD 采用的其实是 2D 平面显示技术，投影出

---

① Han Zhang, Zhefan Yu, Cen Zhang, Ruotian Zhang, Yuyang Liu & Seung Hee Lee. User-Centered Information Architecture of Vehicle AR-HUD Interface. HCI in Mobility, Transport, and Automotive Systems：4th International Conference, 2022, 309–325.

的虚像固定在驾驶员前方特定距离，再通过实时渲染的 3D 动画给人一种实时导航的立体感。但驾驶员身高体态不同，行车过程中车辆颠簸抖动，视线也会在一定范围内不断转移，看到的 AR-HUD 投影可能平移浮动、脱离路面环境，容易产生眩晕感，甚至对信息产生误解。

为了让驾驶员眼中的 AR-HUD 图像与现实世界更好地匹配融合，近年，OEM 主机厂和 HUD 厂商通过对 3D 立体显示技术、光场显示技术的研发，推出了 3D AR-HUD；还利用人眼追踪系统，对虚像的显示位置进行调节。2022 年的 CES 展会上，松下推出了一套具有眼球追踪专利的 AR-HUD。据称，这套系统基于眼动追踪系统（Eye Tracking System，ETS）技术开发，可以识别驾驶员的头部位置和头部运动，从而动态调整以及补偿视野中的图像，让用户感觉画面始终投影在路面环境的固定位置，也就是做到了增强现实的"视觉欺骗"。

AR-HUD 很容易受车外环境影响，光线强度、天气状况、前方的物体遮挡等可能令显示效果不佳。为了应对这些情况，从设计角度而言，AR-HUD 上的元素普遍采用红、黄、蓝、绿这些高饱和、高对比度的颜色或半透明色块，并且颜色语义与仪表等传统保持一致，例如红色表示高度紧急、黄色具有警示性、绿色表示正常运行或安全状况。建议不要使用超过四种颜色进行语义编码，以免造成视觉干扰或认知负荷。不同品牌的 AR-HUD 还通过尺寸大小、色彩亮度的变化、空间透视以及位置方向上的排布表现视觉元素之间的关系，塑造区分界面元素的视觉重量，以及构建视觉层次。

再次，AR-HUD 的发展还受制于成本和体积问题。无论是 HUD 还是 AR-HUD，其光学结构特殊性决定了难以大批量标准化生产，而需要为一款车定制，因此成本较高。至于体积，AR-HUD 设备的整体尺寸大过 W-HUD 和 C-HUD。当前量产或预研的 AR-HUD 产品最大可达 17L，大部分在 12L 左右，要占用前方仪表板（IP）不少空间，而且会干涉到前舱流水槽、IP 风道和 CCB（Cross Car Beam，仪表板横梁）的结构和布置，所以业界建议在平台架构开发阶段就为 AR-HUD 留出空间。下一代 AR-HUD 的研发重点之一，便是通过技术和结构创新进一步缩小体积及降低成本。

4.3.3　AR-HUD 与仪表的关系

近年，随着 AR-HUD 不断取得技术突破以及成本降低，在智能座舱中的应用越来越多，与仪表所承载的功能和信息开始出现重叠，引发业界讨论"仪表是否会被取代"或"仪表会不会消失"。

相较于仪表，AR-HUD 有一些非常明显的优点，包括高科技感、实用性、优越的显示位置以及相应的信息获取效率。在驾驶状态下，驾驶员视线上下左右转动的舒适范围不超过 15°，头部转动的舒适范围不超过 30°，HUD 让驾驶员无须低头甚至不用将视线从前方路面移开，就可以随时看到与驾驶和安全息息相关的信息。在复杂的道路环境中，比如匝道路口，AR-HUD 可以通过方向箭头的动态引导，让驾驶员轻松找到正确路线。还有一点是，智能驾驶相关的信息，比如车道保持、前车距离，乃至周围出现的车辆和行人预警，都直接叠加在车外实景路况上，驾驶员可以更容易地获取这些信息。以上这些，既是 AR-HUD 的天然优势，也是仪表难以弥补的劣势。

但是，仪表并非一无是处：首先，仪表能承载和展示的信息量比 HUD 要大得多，一些解释类信息和无须立即做出反应的行为引导，更适合通过仪表显示；其次，至少在当下和短期内，仪表性能的稳定性、数据的时效性优于 HUD；最后，仪表不只用来显示驾驶相关信息，也是车企传递自身品牌特色的一个窗口，各种动画、场景切换效果在 HUD 上难以实现。

从短期来看，受制于上文提到的种种挑战，AR-HUD 难以普及，其定位更多是对仪表和中控上部分信息的同步和增强。如果彻底取消仪表，把仪表上承载的功能信息分摊到 HUD 和中控上，不少人会担忧：如果电子元器件不稳定，比如突然出现显示故障、死机了或者卡住了，那要怎么办？在 HUD 和仪表兼具的情况下，HUD 上的信息在仪表和中控上亦有显示，所以即便 HUD 失效，用户还有替代方案，驾驶不会受到影响。

而从中长期来看，仪表的不可替代性正在被打破。其实，近年已有车型将仪表取消，比如特斯拉 Model 3/Y 就没有配置仪表盘，而是把以往在仪表上显示的信息挪到了中控大屏上；理想 L9 也取消了仪表盘，但座舱内仍有五块屏幕：HUD、方向盘屏幕，以及中控、副驾、二排屏三块 15.7 英寸的 OLED 屏幕（如图 4-22 所示）。当仪表的功能和所能呈现的信息，被转移或分摊到其他屏幕或媒介上，那块屏幕也就可以被"取消"了。

图 4-22　理想 L9 上的 HUD

仪表会不会消失、座舱内的驾驶信息中心会不会变为另一种形式？这既取决于技术进步的快慢，也受到人们的接受度和使用习惯的影响。HUD 或 AR-HUD 与仪表的共存关系还将持续一段时间，而竞争的结果不一定是"你死我活"，也有可能是相辅相成。

4.4　数字仪表 HMI 设计趋势和挑战

仪表一直在随着汽车的发展而发展。当汽车走向智能化、网联化，仪表无论在硬件、软件系统还是界面设计上，都在探索新的方向，以满足用户对汽车新的需求和期待。对于智能座舱语境下的仪表 HMI 设计，如何将新兴技术与用户体验结合，如何兼顾驾驶安全与仪表使用体验，是设计师面临的新挑战。下文将从信息设计、视觉设计和智能驾驶三个维度来探讨。

1. 信息设计

从早期的机械仪表，到现在的全液晶数字仪表，仪表改变的不仅是显示材质，还有可以集成的信息。机械仪表上的信息一般涵盖车速里程表、转速表、机油压力表、水温表、燃油表、充电表等，也能通过指示灯进行报警和故障提示；后面的电气化仪表增加了行车电脑信息，比如日期、里程表读数、室外温度等；到了数字液晶仪表阶段，得益于强大的图像处理和显示技术，以及操作系统打通，除车辆基本数据、行车基础信息外，仪表还能显示导航、多媒体等信娱系统信息、电话等社交信息。而在智能汽车时代，辅助驾驶或智能驾驶信息已成为仪表的"常客"。

虽然仪表上可以显示的信息在增多，但实际需要显示的信息却在变少，原因有很多，包括：与传统燃油车相比，新能源汽车的汽车零部件在减少，相应地，提示报警信息也随之减少；以及装载 HUD 的新车增多，原本放在仪表上的信息，比如车速、导航以及 ADAS 提示，改为放在 HUD 上；此外，汽车智能化程度不断提升，驾驶员对车辆的控制需求会越来越少，对相关信息的依赖程度也在逐步减弱。

在这样的背景下，近几年一个明显的趋势是，汽车仪表的尺寸越来越小。目前最常见的全液晶数字仪表尺寸是 12～13 英寸，也可以看到 10.25 英寸、9.3 英寸、8.0 英寸的仪表。

仪表信息需求的变化，以及仪表变小的趋势，给仪表 HMI 设计既带来挑战，也带来一些机遇。设计师需对仪表上信息内容的数量进行控制，站在用户角度，围绕降低认知负荷、增强驾驶安全的目标，结合场景去掉冗余的信息，突出主体信息。

2. 视觉设计

随着显示技术和操作系统的发展，智能座舱数字仪表的显示效果也显著提升，不仅能够展示 3D 车模、动画和渐变效果，还可以根据驾驶习惯动态调整显示内容，进行酷炫的场景渲染。3D 是让信息可视化、最大化传递的一个手段，可以建立与实物、真实情况一对一的映射关系，从而营造空间感和沉浸感，提升用户驾控体验。

近两三年，各大车厂纷纷探索在仪表上实现裸眼 3D 展示方式（如图 4-23 所示为现代 Genesis G70 裸眼 3D 仪表）。裸眼 3D 即驾驶员无须佩戴特殊眼镜就可以看到显示屏上的 3D 画面。与传统显示屏相比，裸眼 3D 技术可以生成非常逼真的三维效果，让驾驶员提升情境意识，更容易获取和理解屏显信息。裸眼 3D 可以提升仪表的科技感和时尚感，但视觉设计的风格选择最终要以能否提升用户体验为依归。对设计师而言，不管是用 3D 还是 2D 去设计仪表，都需要对功能本身、对用户需求有足够的理解。比如，针对 ADAS 驾驶辅助信息的展示，首先要理解每个功能的关键点，然后才能运用 3D 形式去展现，最终目的是让用户直观了解这些功能的状态。

图 4-23 现代 Genesis G70 搭载的裸眼 3D 仪表

仪表设计的另一个趋势是，作为车载系统的一部分，与车内其他屏幕打通。传统座舱中，仪表和信息娱乐系统相互独立，而在智能座舱内，大屏、多屏成为常规配置，仪表不再是一个独立的信息显示媒介，它可以与 HUD、中控、语音控制等形成整体的信息联动，实现多个媒介间的互通交互。

大多数车厂采用的方案是中控、副驾、后排娱乐采用安卓、鸿蒙或 Linux 操作系统，而仪表采用黑莓 QNX 操作系统。尽管两个操作系统的互联互通是一个难题，但业界已有一些解决方案（比如让两套系统基于同一个芯片的虚拟机 Hypervisor，亦即"一芯多屏"），让仪表和中控之间可以进行联动、数据互通、跨屏拖动、画面切换等。这为仪表 HMI 设计带来更多可能性，设计师可以思考如何在视觉和交互层面更好地利用这种互通性，给用户带来既富有创意，又实用巧妙的使用体验。

3. 智能驾驶

智能驾驶或自动驾驶的发展，也在持续对仪表 HMI 设计产生影响。就目前而言，智能驾驶或辅助驾驶相关信息包括自适应巡航（ACC）、车道辅助系统（LDW/LKA）等行车功能，自动泊车（APA）等泊车功能，自动紧急制动（AEB/FCW）等安全功能。此外，不少品牌还会对实时路况进行虚拟显示，实时渲染周边车辆、行人、障碍物、车道线等，为驾驶员提供预警。

在智能座舱中，很多数字仪表的中间位置被开辟出来，用以显示导航及辅助驾驶可视化信息。从近年一些新车型的 HMI 设计来看，比如蔚来 ET7 和小鹏 P7，ADAS 相关信息在仪表上几乎占据了"半壁江山"。如图 4-24 所示是蔚来、小鹏和理想的仪表设计示例。

图 4-24　从上到下：2021 年蔚来 OS 3.0.0、2021 年小鹏 Xmart OS 2.6.0 及 2020 年理想 ONE 的仪表设计

汽车 HMI 设计专家蔡声伟认为，智能驾驶或者说自动驾驶的发展，拓展了整个仪表设计的思考维度。在仪表上展示智能驾驶相关信息有以下价值：第一，体现产品力，展示强大的技术能力；第二，提高用户对周围环境的关注度，让其专注于驾驶，起到一些安全性的静默提醒的作用；第三，对智能驾驶模块进行大范围的展示，比如车辆的态势感知、对障碍物的识别，可以加强用户的驾驶感受以及情感体验，并逐步增强用户对车辆的信任感。

智能驾驶对仪表 HMI 设计的影响，不仅改变了仪表的信息组合和界面布局，而且重塑了仪表在智能座舱中的功能定位。自动驾驶 HMI 设计专家王絮宁认为，在座舱多个屏幕中，AR-HUD 适合呈现更趋近于当前道路的信息，因为驾驶员能够以自然视线直接查看 HUD 区域内的路面内容，另外一些增强现实的内容，比如行驶路线和方向引导，通常也放到 HUD 里；对驾驶员而言，仪表比 HUD 的信息获取效率要稍微低一点，所以适宜把需要驾驶员关注的解释类信息，或者是需要关注的行为引导，以及一些文字比较长的内容留在仪表上展示；与仪表相比，中控显示面积更大，适合展示丰富细节和较复杂信息，所以倒车辅助、自动泊车等画面通常通过中控展示。

当座舱内的屏幕越来越多，包括仪表、中控、HUD 等，该如何组合使用这些媒介、如何根据用户对信息的需求去选择最适合的媒介，是值得设计师研究和探索的重要课题。

第 5 章

智能座舱信息娱乐系统的 HMI 设计

5.1 车载信娱系统发展概述

5.1.1 狭义和广义的车载信娱系统

作为智能座舱的"主角"之一,车载信息娱乐系统是完成除驾驶以外其他任务的中心,也是"人 - 车 - 环境"交互的重要载体。车载信息娱乐系统(简称"车载信娱系统")英文为 IVI(In-Vehicle Infotainment)或 IVIS(In-Vehicle Infotainment Systems)。从名字就可以看出,IVI 主要为驾驶员和乘客提供信息和娱乐,但现在远不止于此。

随着汽车从出行工具向移动空间和智能终端拓展,车载信娱系统也从单一的收音机,发展为集地图导航、多媒体娱乐、无线通信、车辆控制等功能于一身,而且内容越来越丰富,形式越来越多样。继个人计算机(PC)、手机、平板电脑之后,车载信娱系统成为又一个互联网终端设备。

车载信娱系统采用车辆专用中央处理器,基于车身总线(CAN、LIN、车载以太网等)、4G/5G 移动网络和互联网服务等,形成车载综合信息处理系统。从狭义上讲,IVI 可简单理解为车机中控(Head Unit),也就是主驾驶右前方的中控大屏;从广义上讲,IVI 指包括车内中控屏、副驾屏、后排屏等在内的车机系统,融合触控、语音和手势等多种人机交互方式,用以提供各种信息和应用服务。

车载信娱系统的发展历史并不长,走向智能化、网联化只是过去十年间的事情。纵观车载信娱系统的发展历程,大体可以分为以下三个阶段。

(1)初级阶段(1910 年至 20 世纪 90 年代):1910 年,爱立信的创始人拉什·马格拉斯·爱立信(Lars Magnus Ericsson)在他的车内安装了一部电话。1924 年,雪佛兰打造出世界上首款车载收音机,标志着车载信娱时代的开启。但之后的大半个世纪,车载信娱系统发展缓慢,车载收音机到 20 世纪 50 年代才普及开来,卡式磁带播放器出现于 20 世纪 60 年代,CD 机自 20 世纪 80 年代起开始搭载于汽车……整体而言，这一时期的车上娱乐仅限于收听广播和音乐，内容十分单一。

（2）跃升阶段（20世纪90年代至2012年）：车载信娱系统的跃升，与信息技术和消费电子产品的快速发展息息相关，笔记本电脑、手机等移动通信设备的部分功能被逐渐移植到车上。在20世纪90年代，出现了装有GPS导航系统的汽车。随后，车上又有了蓝牙电话、MP3、DVD播放器等，人们开始把这集成了众多功能的系统称为"车机"。二十年间，车载显示屏也逐步进化，完成从单色点阵屏到彩色液晶屏的转变。这时的车机系统，让行车安全和驾乘舒适性明显提升，但不具备联网功能，与手机相比智能化程度较低。

（3）智能网联阶段（2012年至今）：2012年，特斯拉Model S问世，配备17英寸大屏，简洁的设计语言和直观的交互，为车机系统设计理念带来冲击。以特斯拉为代表，车载信娱系统不仅具备地图导航、影音娱乐和电话功能，而且将以往由物理按键完成的操作，如车辆控制、空调和座椅设置等，也整合到了触控屏上。其后，车机中控纷纷朝大屏方向演进，并且加入语音助手、辅助驾驶等功能。现在，车载信娱系统已成为智能座舱重要的组成部分，也是体现一辆车智能网联程度的主要窗口。

5.1.2 车载信娱系统的三大现状

本书第1章提到，车载操作系统可以分为定制型、ROM型和超级App，这些系统基本在2012年后才建立起来，车载信娱的内容和生态也随之发展。苹果CardPlay和谷歌Android Auto于2014年、2015年先后问世，国内的百度CarLife也差不多在同一时期推出，这些都属于手机车机互联解决方案。而近些年，越来越多的车企意识到车机系统的重要性——不仅是出行增值服务的入口，而且可以记录和分析用户的出行习惯、使用偏好等数据，用于持续提升服务质量和用户体验，于是加大了对自研车机系统的投入。

车载信娱系统让驾车出行更安全便捷，也让驾驶员和乘客的车上时光不那么沉闷单调。从内容、载体、交互、视觉等方面来看，当下的车载信娱系统呈现出以下特点。

1. 开放丰富的应用生态

随着汽车电子电气架构的演变和芯片算力的提高，车辆软硬件深度融合，在信息娱乐内容以外，车机系统还可以对车门车窗、空调、摄像头、灯光、座椅等硬件进行控制和设置调整，用户甚至可以根据自身需要，对模块化的软硬件功能进行定制组合。而网联化让车与外界环境实现动态交互，在线的信息娱乐内容不断拓展，各大汽车品牌都在构建自己的车机应用生态（如图5-1所示），将诸如购物、支付、机票酒店之类的第三方应用引入车机并进行定制适配，从而为车主提供多种多样的智能座舱数字体验，打通车内车外的生活。

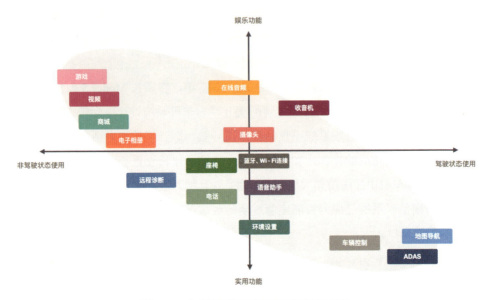

图 5-1　车载信娱系统常见功能和应用

2. 大屏化与多屏化

车载中控屏已成为新车的标配，差异在于屏幕大小和交互方式。自特斯拉采用 17 英寸中控大屏后，车载系统显示屏越做越大，从豪华车到经济型汽车，车机大屏全面普及。同时，车机屏幕形态越发多元，包括双联屏、一字屏、曲面屏等，有的大屏还可以随着驾驶模式的切换而升降，屏幕上的内容也会相应改变。在显示方式上，基于 3D 渲染引擎的车载 HMI 让车机画面更加精致逼真。除针对主驾的中控外，车载屏幕还向副驾、后排延伸，分担了车载影音娱乐功能。车载芯片算力提升，保证了多个应用同时运行的流畅度，以此为基础，智能座舱推出"一芯多屏"方案，实现多屏、联屏互动以及一体屏方案。驾驶员和乘客既可以共享路上时光，也可以拥有独立的娱乐空间。

3. 智能化的多模交互

车载信娱系统中的功能，大多是在驾驶状态下使用。为了确保驾驶员的手、眼尽量不脱离驾驶任务，也就是能够用双手操控方向盘，以及视线和注意力能集中在前方路面上，车载系统也支持触控以外的人机交互方式，比如语音、手势和物理按键等，用户可以灵活选择，提高了用车出行的舒适性和安全性，同时能在一定程度上满足用户对汽车智能化的需求和期待。目前无论传统车厂还是造车新势力无一例外对语音助手非常重视，车载语音交互持续取得突破，语音识别准确率最高可达到 95% 以上，不少都支持"连续对话"；而手势交互还处于初级阶段，应用场景有限，多是作为其他交互方式的补充。融合多种感官的多模态交互不仅是车载系统当前的设计热点，相信也是未来会持续发展的领域。

车载信娱系统在内容功能、显示质量、交互方式上快速发展演变：功能从单一的收音机发展为导航、娱乐、通信、车控等综合信息展示和控制中心；屏幕显示技术在向着更大、更薄、可弯曲、多屏联动等多种形态发展；交互方式从物理交互发展到触控，再逐步发展为包括手势、语音、面部、眼动识别等在内的多模态交互方式……在车载系统智能化进程中，用户获得的体验愈加丰富，但也存在车机功能使用率低、技术发展与用户需求脱节等问题。作为设计师或研发人员，还需始终从人出发，让车载系统真正创造用户价值。

5.2 车载信娱系统 HMI 设计原则及设计要点

5.2.1 车载信娱系统的十大设计原则

车载信娱系统被视为又一个互联网移动终端，但使用环境比较特殊——在座舱内并常常伴有驾驶任务。作为智能汽车必不可少的配置，车载信娱系统主要为了满足驾乘人员对于信息娱乐内容、车辆控制等方面的需求，进而才能保证安全、高效、舒适的用车体验。

以往，车载信娱系统在 HMI 设计上对网页端和移动端产品有所借鉴，但车载系统有其独特属性。本书第 3 章提到，因为在使用场景、安全需求、对注意力资源的占有等诸多方面存在差异，汽车 HMI 不能也不应该简单照搬移动端产品的设计方法和设计规范。

车载信娱系统 HMI 设计应遵循以用户为中心的设计原则。从这个角度而言，用户体验设计或交互设计领域的通用准则，如施奈德曼（Schneidermann）的八个黄金法则和尼尔森（Nielsen）的十大可用性启发原则，对车载信娱系统 HMI 设计大多依旧适用。同时，在完全自动驾驶尚未实现之前，保证驾驶安全仍是需要放在首位的设计原则。为了减少使用车载系统可能对驾驶表现造成的影响，一些汽车组织，如国际汽车工程师协会（SAE）、国际标准化组织（ISO）、美国国家公路交通安全管理局（NHTSA）、日本汽车工业协会（JAMA）以及中国国家标准，发布了一系列针对 IVI 或汽车人机交互界面的设计标准或设计指引。

尽管目前尚未形成行业级、公认的汽车 HMI 设计准则，但不少车企和车机系统平台都已建立自己的 HMI 设计规范和设计系统，比如苹果 CarPlay、谷歌 Design for Driving、百度车联网、华为 HarmonyOS、阿里巴巴 AliOS，以及奔驰 MBUX、宝马 iDrive、比亚迪 DiLink 等。表 5-1 是笔者综合公开资料，并基于自身经验总结的车载信娱系统 HMI 设计原则。

表 5-1　车载信娱系统 HMI 设计原则

设计原则	IVI 设计原则	具体准则
安全	1. 可视、可及	1-1 界面上的信息在可视范围内，常看信息放在易于查看的位置
		1-2 多应用并行时，彼此不遮挡关键信息和操作
		1-3 界面或按键在驾乘人员的操作范围内，目标易于操作
	2. 防止分心	2-1 平衡驾驶安全和交互需求，不鼓励用户驾驶过程中分心
		2-2 为高频功能提供盲操作（如物理按键或方向盘快捷键）
	3. 预防错误	3-1 为驾驶员预留足够的容错空间，保证操作热区足够或适当限制危险交互
		3-2 操作前可以预判结果和后续操作，在进行危险操作时及时获得预警
		3-3 当任务受阻或出现异常，应即时给予提示，告知原因及后续如何处理
高效	4. 高效操作	4-1 信息层级扁平，尽量减少页面跳转和视觉跳跃
		4-2 在第一层能完成所有高频功能操作
		4-3 统筹任务重要性与紧急程度，为层级深的中频功能提供快捷入口
	5. 记忆减负	5-1 系统交互方式符合用户心智模型
		5-2 无须记住上一步操作才可进行下一步，减轻用户工作或短视记忆负担
		5-3 帮助用户识别，而无须记忆如何操作

续表

设计原则	IVI 设计原则	具体准则
高效	6. 全局一致	6-1 图标、语言、交互等相同的设计元素在不同页面始终一致
		6-2 类似操作的顺序保持一致
		6-3 同层级应用的基本信息架构、界面布局保持一致
	7. 状态清晰	7-1 用户可以清晰了解当前系统状态或进度
		7-2 对用户操作给予及时适当的反馈,不同级别或类型的操作反馈也有所区分
		7-3 每次操作后,用户可以清晰知道下一步的选择
舒适易用	8. 简洁直观	8-1 核心信息突出,减少信息密度和视觉干扰
		8-2 字符大小适宜,文本简短直接,用户能够迅速辨识
		8-3 按格式塔原则对界面元素进行归组
	9. 用户可控	9-1 让用户保持控制权,由用户主导交互过程,可随时中断或继续
		9-2 如果用户出现了错误操作,系统可以提供明确、合理的方法,引导帮助用户改正错误
		9-3 返回原点的方式稳定可用,始终允许用户返回上一步或退出当前页面
	10. 通用包容	10-1 让不同年龄、性别、文化、教育背景的用户都感到易懂易用
		10-2 让新手、中级和熟练用户都感到易懂易用

5.2.2 车载信娱系统 HMI 设计要点

从功能内容的构成来看,车载信娱系统主要提供偏实用的信息,如地图导航,以及智能驾驶、呼叫服务等车辆服务;其次是娱乐系统,包括音视频多媒体、游戏、蓝牙通信、在线购物等;另外还有一部分与车控相关,比如座椅和空调控制和车机系统设置。这些功能该如何呈现、内容该如何组织、用户怎样与其交互?以下结合案例和行业最佳实践,讲解车载信娱系统 HMI 设计的要点。

1. 四种典型的信息架构

高效易用的车载信娱系统,显著特点之一是扁平的信息层级、清晰的任务流程。为了让驾驶员快速获取核心信息,轻松完成高频操作,车载系统要统筹各功能应用的优先级和使用频率,合理规划信息架构。总体而言,车载系统要比网页、移动端产品的信息架构更为"窄而浅",建议把在第一层(首页)就能完成所有高频操作作为设计目标,同时为层级较深(超过三步)的中频功能提供快捷入口,尽量减少页面跳转和视觉跳跃。

一般而言，车机中控首页要展示导航、音乐、车控等高频应用入口，并允许快捷操作，如一键导航回家或一键播放音乐。此外要为智能语音助手、系统通知等规划较高层级，确保在任意页面均可查看。当前车载系统（主要是中控）的系统级信息架构主要有以下四种（如图 5-2 所示）。

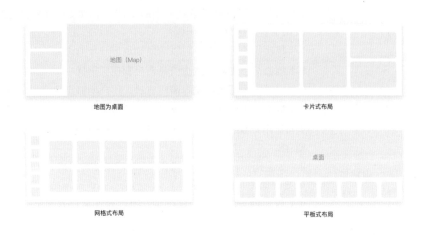

图 5-2　常见系统级信息架构

（1）地图为桌面——开机即看到地图、当前定位和周边兴趣点（Point of Interest，PoI），地图导航在最底层，左侧或底部为菜单栏，音乐、车控、摄像头等其他系统应用需要点击打开，或以快捷操作卡片的形式出现在首页固定位置。采用这种架构的品牌包括特斯拉所有车型的车机、蔚来 NIO OS 和小鹏 Xmart OS。

（2）卡片式布局——沿用移动端 App 的设计思路，有车机采用卡片式设计，在首屏同时展示 3～4 个应用及其快捷操作。卡片式的好处是提供较大的接触面积，比应用图标更容易点击，降低误触概率，比如理想 One 和理想 L9。

（3）网格式布局——将应用图标以网格化形式平铺在首页，也就是默认首屏的应用优先级相同，由用户从中选择，典型代表是苹果 CarPlay。从 iOS10 开始，CarPlay 还在左侧菜单展示最近使用的三个应用作为快捷入口。不过，从用户数据来看，人们对车载系统中应用的使用频率并不相同，导航、音乐和电话明显要比游戏、商城等常用，因此将应用"一视同仁"的网格式布局已比较少见。

（4）平板式布局——与平板电脑高度相似的设计，比如问界 M5、腾势 D9

和荣威 RX5，都是在首页大面积展示精美的壁纸图边，凸显高清液晶显示屏的通透效果，与内外饰风格呼应，同时将应用卡片或小组件（widget）在下方一字排列。

以上四种布局主要对车载信娱系统或者说中控首页的信息架构进行了归类。还有一些车载系统，将座舱内多个屏幕整合，比如特斯拉 Model 3 把仪表与中控结合，在中控大屏左侧与地图并列展示车速、挡位、故障灯等仪表信息，以及虚拟路况——将车道线、障碍物、行人等可视化。近年也出现不少将中控与副驾屏结合的"一体屏"设计，本章 5.3 节将详细介绍。除了首页，车载系统信息架构还涉及应用间及应用内的设计。一个总体原则是，为了保证单次扫射不超过 2s、总任务时长不超过 12s，车载系统上的操作步骤和页面跳转不应过多，避免将功能或内容"藏"在超过 3 层的信息层级内。

2. 手部交互距离对界面布局的影响

作为智能座舱的车控和信息娱乐中心，车载信娱系统的主要用户是驾驶员，要注意满足"可视、可及"的设计原则。首先，屏幕上的信息应在驾驶员可视范围内，重要信息放在易于查看的位置，让驾驶员"瞟一眼"就能完成对信息的获取。从交互的角度来说，一只手可以触达的区域有限，车载系统上的按键应在驾驶员可以轻松触及的范围内，且目标易于操作。百度智能驾驶体验中心的《车载 HMI 视野及操作范围探索》研究报告指明，根据平均人体尺寸和学术研究，以肩部为原点，驾驶员右手操作的便利级别为 10～40cm 是最佳区域，40～60cm 是可接受区域。也就是说，距离驾驶员肩点 60cm（相当于 2260px 的屏幕宽度）以外的区域，基本等同于不可交互区。横向车机屏幕的交互布局如图 5-3 所示。

图 5-3　百度车联网定义的车机交互布局

为了方便驾驶员在开车过程中手眼协作，高效地完成驾驶以外的任务，重要元素和高频操作应布局在靠左区域，同时注意按键不要被方向盘或手臂遮挡，中间可以放置非高频操作，并尽量放大触控的有效热区，而右侧通常不要设置交互任务，只作为轻量化视觉信息展示区。

依据屏幕比例，目前市面上常见的车机屏幕分为横屏和竖屏两种，在信息架构设计和界面布局上，要合理利用横向和竖向的空间资源，按格式塔原则对界面元素进行归组，帮助用户快速定位和识别。横屏的操作区和功能区通常靠左布局；而在竖屏上，关键信息可以放在视线无须过多转移即可看到的上方，操作区域则以面积较大的卡片为主。

即便同一个汽车品牌，在不同的车型上很可能会使用不同尺寸的屏幕，往往与车辆定位、内外饰设计有关。在移动端就存在的屏幕适配难问题，在车载系统上被进一步放大。在设计车载信娱系统的时候，可能同时面对横屏、竖屏，以及小屏和大屏多种产品形态，一套设计需适应多个屏幕尺寸，保证良好的显示效果和操作体验。为了满足响应式变化，在进行内容布局设计时，需对响应的方式进行充分考虑。华为车机应用和阿里巴巴 AliOS 总结了常见的适应原则（如图 5-4 所示），包括拉伸、缩放、隐藏、均分、占比、拆行、延伸等，这些原则既可以独立使用，也可以"多管齐下"，对不同屏幕比例下的内容布局进行重组定义。

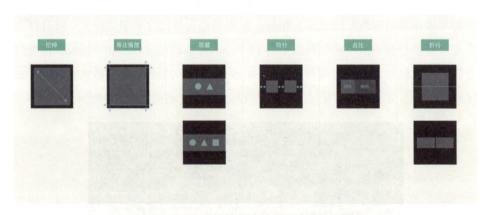

图 5-4　AliOS 总结的内容适应的基本准则

3. 灵活组合的交互方式

在进行车载系统触摸屏的交互设计时，要遵循上文（见表 5-1）提到的防止分心、预防错误、记忆减负、用户可控等原则。几年前，设计师会直接将移动设备的交互方式移植到车载系统中，但一些手势并不适合汽车移动状态，有些甚至容易招致安全风险。在驾驶过程中，单击（tap）是最有效、最常用的触屏交互，其次还有滑动（flick）、双击（double-tap），至于长按（longpress）、按住拖动（touch and hold）、拖动（drag）都要谨慎使用，因为操作难度较大（如图5-5所示）。

图 5-5　车机触控屏常见交互手势

驾驶之外的操作任务会不同程度地分散驾驶员的注意力，为了保障行车安全，车载系统的交互需要灵活运用触控、语音、手势等多模交互，并根据场景需要触发车机主动交互。目前，几乎所有车载系统都支持语音交互，如切换歌曲、发起或结束导航、调节温度、开关窗户等，在驾驶过程中，可以减少操作步骤，减少分心。在进行车载系统设计时，通常要提前为语音形象定义展示区域和语音状态。有关 VUI 与 GUI 融合，以及手势交互的设计要点，可参考本书第 6 章的内容。

除了语音和手势交互，在设计车载系统时，还要定义实体交互方式，包括方向盘按键、拨杆、旋钮、物理按键等对车载系统的操控作用。相比触屏上的"软按键"，一些传统汽车的"老司机"更习惯使用物理按键，如通过方向盘按键切歌、通过旋钮调整空调温度等，甚至可以做到"盲操"。英国交通运输研究实验室（Transport Research Laboratory）2020 年的一项研究发现，在触摸屏上用触控方式设置空调参数，要比物理按键多花两倍时间。因此，不少汽车产品仍保留部分实体交互，作为触屏外的另一种选择。

为了达到直观自然的人机交互，除了将上述交互方式进行灵活组合外，一些车载系统 HMI 设计积极探索所谓"主动交互"，即不是等着用户去发起任务，而是根据场景判定，主动推送应用或服务。触发条件通常依据人脸识别、虹膜识别、车辆状况和车辆位置等。设计师要站在用户视角去定义触发条件。例如，当监测到用户疲劳犯困时，语音助手提醒，或震动提醒；当监测到伤心难过时，会主动关怀；当识别到特殊纪念日时，如车主生日，会送上祝福或推荐庆祝方案。

车载系统的交互设计，要服务于安全、高效、舒适易用的总体目标。交互方式的选择要尽量符合用户心智模型,而非一味求新求异。此外,汽车的驾乘人员广泛而多样,车载信娱系统的设计要尽可能让不同认知水平、熟练程度的用户都感到易懂易用。在设计过程中,不仅要兼顾不同年龄、性别、文化、教育背景的用户,也要考虑新手、中级和熟练用户的能力差异和使用习惯,从而提升通用可用性(Universal Usability)。

4. 渐成共识的视觉规范

在汽车座舱中,视觉的重要性尤为突出。车载信娱系统与用户视觉的关系,不仅涉及多个感官维度,如颜色、亮度、对比度等,而且依赖并利用了多个刺激维度,比如位置、大小、形状等。

简洁直观的页面设计体现在信息清晰可读,也有助于提高任务完成效率。车载系统需要控制页面上的信息密度,减少视觉干扰,让核心信息突出;文本应简短直接,字符大小要符合一定要求,最小字号也能在车辆移动状态下轻松辨认。

用户从车载系统中获取信息的准确率和效率,首先与字符大小有关。车载系统上的字号,肯定要大于网页端和移动端。本书第 3 章提到,《车载视觉信息汉字显示规范》研究表明,不考虑显示器的位置,汽车交互界面建议最小字号为 18 ～ 20pt(大致相当于 24 ～ 27px)。在业界,百度车联网和华为车机应用将正文最小字号设定为 28px,辅助性的文字(如备注说明)可以是 24px(如图 5-6 所示)。

百度车联网字号要求　　　　　　华为车机应用字号要求

图 5-6　百度、华为的车机系统文字字号参数

车载信息的易读性,还受到字符颜色、亮度、对比度等因素的影响。车机文字与背景的对比度应遵循 ISO 15008,保证清晰易读并符合易达性的标准。华为车机和谷歌 Automotive OS 都规定文本与背景的对比度至少达到 4.5∶1,建议在 7∶1 或以上。

车载设计系统对按键大小和交互热区也会给出指引和规范。2006 年,Parhi 等人基于手机操作的研究发现，如果是单次点击，推荐目标尺寸不小于 9.2mm；如果是多次连续点击（如输入电话号码），目标尺寸不小于 9.6mm[①]。5 年后，德国学者的研究指出，在基于安卓系统的触控屏上，当目标尺寸小于 12mm 时，错误率显著上升。汽车行驶过程中，因为车身抖动以及注意力难以集中，精准点击难度加大[②]。2021 年，同济大学艺术与传媒学院汽车交互设计实验室与百度智能驾驶体验设计中心一项研究指出，中控触屏按键尺寸建议为 9～15mm，并需经过公式换算适应不同尺寸的车载屏幕[③]。在业界，百度车联网、谷歌 Auto OS 等多个车机设计系统建议车载按钮热区最小为 12mm，同时交互元素之间要留有至少 3～4mm 的热区间隔，互联网科技公司车机系统设计规范见表 5-2。

表 5-2 互联网科技公司车机系统设计规范

车机系统	正文最小字号	字符与背景对比度	最小点击热区	文本长度
百度车联网	22 弧分或 4.5mm	文字与背景的对比度保证 3：1 以上	最小尺寸应为 12mm×12mm，至少保持 3.5mm 的热区间隔	任务传达文字推荐 7～9 个字，13 个字以内
华为车机应用	5.4mm	文本与底图对比度建议大于 7：1（至少 4.5：1），不大于 18：1	最小的图标尺寸为 6.9mm，推荐图标大小为 9.2mm 热区最小 10.7mm，推荐热区 15.3mm 以上，热区间隔 3mm 以上	不超过 20 个字（700 字/分钟，2s 内读完）
阿里巴巴 AliOS	20px			
谷歌 Auto OS	24dp	字符与背景对比度至少 4.5：1	最小点击热区 76dp×76dp（约为 12mm×12mm）	
苹果 CarPlay		对比度 7：1 或以上	最小点击热区 44pt×44pt（约为 11mm×11mm）	

---

① Parhi, P., Karlson, A., Benderson, B. Target Size Study for One-handed Thumb Use on Small Touchscreen Devices. Proc. Conference on Mobile HCI, 2005, 203–210.
② Henze, Niels and Rukzio, Enrico and Boll, Susanne. 100,000,000 Taps: Analysis and Improvement of Touch Performance in the Large. Mobile HCI '11: Proceedings of the 13th International Conference on Human Computer Interaction with Mobile Devices and Services, 2011, 133-142
③ 金鑫,李黎萍,杨逸凡,等.基于汽车人机界面评测的中控触屏按键研究[J].包装工程, 2021, 42（18）：151-158.

此外，在视觉设计方面，随着车厂将 3D 引擎引入 HMI 设计开发，精致的 3D 车模等设计出现在越来越多的车载系统中，成为 HMI 设计的一股潮流。3D 车模能够让扁平化的界面变得更加生动和具有空间感，帮助用户定位问题和操作区。如果利用得当，3D 效果可以传递系统状态、提供操作反馈，帮助用户获知当前情境；如果使用不当，可能造成视觉干扰，分散驾驶员注意力，所以还需结合用户需求选取恰当的应用场景。

5.3　车载系统的多屏交互

5.3.1　智能座舱的"多屏"有哪些

笔者还记得在 2019 年，大家都在讨论未来的座舱只有一个屏幕还是屏幕的数量越来越多，从当前来看后者是大多数车企选择的答案。为什么？为副驾和后排乘客增加屏幕的确有助于提升乘坐体验，但当前更重要的原因是车辆增加屏幕的成本并不高，而且它能给这辆车带来一定的溢价和利润空间，并让整个座舱更显科技感与豪华感。那么现在大部分车型会有哪些屏幕？在以往车型中我们能看到 HUD、仪表盘、中控屏、车控屏、副驾屏甚至是方向盘屏，常见组合可以参考以下不同屏幕的布局演变方式。

当前绝大部分车型的多屏交互会围绕着仪表盘、中控屏以及副驾屏的信息切换进行设计，在切换上大部分会通过双指或者三指滑动进行。例如吉利汽车的银河 OS 可以通过三指操作将中控屏的导航地图画面迁移到仪表盘，或者在中控屏和副驾多媒体屏之间迁移画面。视频、游戏等多媒体画面都可以互相迁移，而小鹏 G9 和智己 L7 的用户则是通过双指滑动的方式将内容切换到中控屏或者副驾屏上。除此之外，飞凡汽车 R7 的 2022 版本允许副驾设定目的地并推送到中控屏，这样有助于减少驾驶员分神情况的发生。

还有一些车型会通过软件在一块屏幕上呈现出多屏效果。例如在中等尺寸的屏幕上（仅一块中控屏），华为的鸿蒙系统以及比亚迪的 DiLink 系统借鉴了 Android 系统的分屏操作，允许用户将两个应用分屏显示。以林肯 Z 2022 版本为例，在超大的一体屏上（中控屏和副驾屏融合为一个屏幕），用户可以将 27 英寸的一体屏设置为全屏模式、协作模式和分屏模式。在全屏模式下大部分操作都保留在离驾驶员更近的核心交互区，而远离的次级交互区和信息展示区只有极少功能按键甚至不设按键。"协作模式"可以理解为主驾一侧的操作界面会镜像到副驾一侧，这时副驾可以在屏幕上协助主驾驶完成导航、车辆设置和音乐设置。在"分屏模式"下，一体屏会被平分为主驾控制区域和副驾控制区域，这时副驾可以自由使用屏幕，包括听音乐、看电影甚至屏幕投影。智能座舱屏幕布局演变如图 5-7 所示。

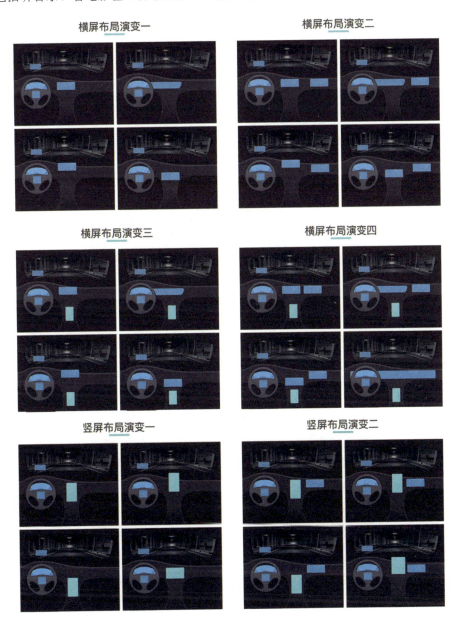

图 5-7　智能座舱屏幕布局演变

除了以上常见的屏幕，透明 A 柱和电子后视镜两种新屏幕在未来都有可能成为各个车型的配置选项。透明 A 柱（如图 5-8 所示）的作用是避免驾驶员在行车过程中视野被 A 柱部分遮挡，而电子后视镜相比传统光学后视镜能做到防水、防雾、防污和夜视能力，同时电子后视镜的屏幕摆放位置在车内，驾驶员需要扭头获取信息的难度明显降低。除此之外，当透明 A 柱及电子后视镜和 ADAS 联动显示增强现实信息时，在一定程度上能和 HUD 在空间和方位上互补，为驾驶员带来更丰富的车外环境信息显示。

图 5-8　透明 A 柱

以上都属于座舱内部的屏幕，而手机、智能手表甚至 AR 眼镜等设备属于用户随身携带的屏幕，车企和手机终端设备厂商都在相互探索不同屏幕之间的交互方式有哪些。苹果在 WWDC 2022 上发布了最新一代 CarPlay（如图 5-9 所示），它允许用户的 iPhone 应用和信息直接显示在汽车多个屏幕上，打破了手机和车辆数据的交互隔阂。

图 5-9　苹果在 WWDC 2022 上发布的最新一代 CarPlay

5.3.2 车载系统多屏交互设计原则

那么智能座舱的多屏交互该如何设计？目前工业界和学术界都没有一个明确的答案。笔者认为智能座舱多屏交互是一个很前沿的领域，指导我们向前探索的最好方法是从其他领域参考和吸取一些可用的原则，并对此进行合适的改造，以下是笔者通过大量的观察和分析总结出来的 5 条设计原则。

1. 0～3 步内完成绝大部分的多屏交互和设置

提出这条原则主要有两点的考量。一是从安全、高效的角度出发，我们不希望用户在驾驶过程中还需要多步的操作才能将当前屏幕的信息流转到另外一个屏幕上，目前多个厂商实现的通过多指滑动分享数据功能也是同一个道理。二是参考了苹果在跨设备交互上的做法，笔者在过往发现苹果绝大部分的跨设备交互都能在 3 步内完成（目前其他设备厂商的跨设备交互流程基本多于 3 步），这也是苹果用户高度依赖苹果生态的原因之一。

要实现该原则，用户随身携带的手机、手表和车载系统需要无缝、实时地连接在一起，否则用户使用时需要的连接步骤会远多于 3 步，这时需要手机厂商和车企有更深的配合和联动。在手机和车载系统联动上，笔者以问界 M7 的鸿蒙系统作为参考案例。当用户的手机和车载系统都登录了华为账号，用户上车后无须操作两台设备已经互联，这时用户可以通过"打开应用列表"→"切换到手机应用列表"两步操作直接在中控大屏上访问手机上的应用，同时用户需要视频或语音通话时可以直接调用车内摄像头，这种高效、直接、无感的交互方式值得每一位从业人员去学习和探索。

2. 多屏之间的交互过程需要符合用户的预期

当座舱内屏幕越来越多，用户对于每个屏幕的详细作用需要一定的认知和理解过程，在这个过程中用户很有可能按照过往经验以及所处环境对其进行理解，例如使用鸿蒙系统的用户不一定了解苹果的 Carplay 系统。另外，每一块屏幕的分工应该是明确且能根据用户和车辆状态而动态变化的，例如当车辆左后方即将出现危险，应当使用左侧的电子后视镜而不是通过中控来提示驾驶员；在驾驶过程中车载系统应当避免显示无关紧要的信息，尤其是车辆处于高速驾驶或者驾驶员处于高负荷的状态下。

众所周知，国内绝大部分车型的仪表盘属于 QNX 系统，中控的系统有 Android、鸿蒙、Linux 等，绝大部分用户的手机设备属于 Android 或者 iOS 系统，每个系统之间的交互细节和表现都需要人为重新定义好，定义不好极有可能引起用户的突兀或者不解。例如用户上车后，车载系统直接和副驾的手机系统建立了连接，而不是和主驾的手机进行互联；驾驶过程中，中控不断显示手机的消息推送以及在多人场合下直接显示视频通话请求的推送……这些明显都是不好的预期。那么什么是好的或者不好的用户预期？这部分需要读者多以用户为中心的角度进行思考、设计和测试才能知道。

3. 信息的交互需要符合当前屏幕的使用体验

当中控信息显示在仪表盘或者 HUD 时，第一我们应当遵循仪表盘和 HUD 的设计规范，这时响应式设计能起到较大的帮助。第二我们需要关注信息的交互方式，我们不可能让用户通过触控的方式对此信息进行交互，也不可能在仪表盘或者 HUD 上显示文本框并让用户通过文本输入法进行输入。每一块屏幕有各自的交互行为，笔者认为这些交互行为可以分为 4 种情况，分别是：瞥一眼、轻交互、中等交互和沉浸式交互，每一种交互行为承载的信息量大小以及需要的注意力和时间会依次增加。

以手机的消息推送为例，只需要用户注意一下就能完成的任务都可认为是"瞥一眼"；如果用户需要关闭这条推送可以等待几秒或者将其往上推，这种需要 1～2 步的操作会被定义为"轻交互"。在驾驶过程中，HUD、仪表盘、电子后视镜以及透明 A 柱需要承载的信息应该尽可能符合"瞥一眼"的原则，如果需要交互则允许用户通过方向盘按键、语音等方式一步完成。如果读者想不到合理的设计方法，可以参考智能手表系统的设计原则和规范。

"中等交互"更多是指需要若干步骤才能完成的任务，例如用户在手机上回复短信；而"沉浸式交互"可以理解为用户在手机上全神贯注地看视频或者玩游戏。很明显"中等交互"和"沉浸式交互"不应该影响正在手动驾驶的驾驶员，但有些"中等交互"确实需要驾驶员在驾驶过程中实施，例如中途切换导航规划。在过往我们会将这些信息和交互全部显示在中控上，其实我们也可以通过仪表盘和方向盘的方式承载和交互信息，这时候方向盘是否有可能出现一个屏幕将成为车厂讨论的问题。笔者认为，从手机和车载系统融合的角度来看，方向盘屏幕在一定程度上比中控屏幕更好地完成"中等交互"，例如在驾驶过程中用户可以在方向盘屏幕操纵地图和完成多项设置步骤。

当每块屏幕都有了自己的交互定义，手机信息如何合理显示在多个屏幕上将成为问题。这里有两种方法供读者参考：第一种是赋予每一个屏幕不同的参照，例如仪表盘可以参考智能手表，它只呈现简单的内容或者消息推送，用户需要查看时则去中控查看（这时中控相当于智能手机）；第二种是重构每一款服务和应用，让内容可以根据规则动态显示在相应的屏幕上，例如表 5-3 中微信会结合 OBD 数据、车内人物数量等参数动态调整自己的信息显示和交互策略（这属于笔者遐想的方案），这需要手机厂商和车企的深度参与才能实现。无论是哪种方法，我们都应该尽可能让当前信息的交互符合当前屏幕的使用体验以及符合用户的预期。

表 5-3 车载微信信息显示和交互策略（假设方案）

	单人驾驶（停车、低速）	单人驾驶（高速）	多人驾驶（停车、低速）	多人驾驶（高速）
微信新消息推送	仪表盘自动显示内容	仪表盘显示收到消息，点击后显示内容	仪表盘自动显示内容	仪表盘显示收到消息，点击后显示内容
微信新语音消息推送	仪表盘显示收到消息，语音自动播放	仪表盘显示收到消息，打开后语音播放	语音转文字后在仪表盘上显示内容	仪表盘显示收到消息，打开后语音转文字后在仪表盘显示内容
微信好友发来的视频信息	仪表盘显示收到消息，打开后在中控播放	仪表盘显示收到消息，并提示在停车场景下播放	仪表盘显示收到消息，打开后在中控播放	仪表盘显示收到消息，并提示在停车场景下播放
微信好友发来的视频聊天	仪表盘显示收到消息，扬声器可播放相关铃声，打开后在中控播放	仪表盘显示收到消息，打开后在中控播放	仪表盘显示收到消息，打开后在中控播放	仪表盘显示收到消息，打开后在中控播放

4. 信息的显示策略应当根据场景和用户状态动态调整

智能座舱的每个屏幕都有自己的职责，信息的显示策略应当基于每块屏幕的职责定制，例如驾驶信息更多呈现在 HUD 和仪表盘上，娱乐信息更多显示在中控屏上，外界环境信息更多显示在 HUD、电子后视镜和透明 A 柱上。但是信息的呈现不应该一成不变，因为在驾驶过程中，所处环境和驾驶水平都会影响驾驶员的认知负荷，结合多重资源理论和耶德定律可知，每个感官通道都有自己的负荷容量，接收的信息越多，认知负荷越高，越容易引起人的分心甚至紧张。因此信息在哪显示、什么时候显示需要读者重点关注。

显示策略的动态调整也要关注用户的个人设备，因为个人设备也有责任避免用户分心或者认知负荷过载的情况发生。以智能手表为例，智能手表是很好的身体状况监测器，当智能手表检测到驾驶员身体出现异常，这时最好的提示方法是通过仪表盘以及扬声器进行反馈，而不是让用户抬手去看手表上的信息，因为这有可能造成风险。同理，手机信息也应当根据座舱每个屏幕的特性，以及场景和用户状态的变化去动态调整自己的显示策略，具体可参考上述笔者提供的微信案例。

5. 隐私的保护在于预防而非补救

每个人都有自己的一点小秘密，当驾驶员的手机信息直接暴露在公共空间中时容易造成隐私泄露，因此如何保护隐私在智能座舱中是不可忽略的问题。笔者认为，由 Ann Cavoukian 博士撰写的 Privacy By Design 7 项原则中可用于智能座舱设计的是"主动而非被动，预防而非补救"。简而言之，隐私设计是关注事前而非事后。

随着人数和关系的变化，智能座舱会从个人空间转化为公共空间，将手机中涉及隐私的信息直接映射到中控屏幕或者通过扬声器播放是不合适的。为了避免用户隐私被泄露，笔者有以下设计建议。

（1）个人设备和公用设备互联时需要身份认证校验，校验手段包括人脸识别、声纹识别、设备位置定位，等等。

（2）所有涉及隐私的跨设备交互能力需要用户了解并允许关闭，尤其个人新设备首次进入设备群后。假设在未来同账号下的个人设备都可以直连到座舱的屏幕上，设备首次连接时应该询问用户是否将短信等隐私信息推送到屏幕上，同时也允许用户设置一系列的信息同步选项，根据车内人数和空间位置合理呈现信息。在智能座舱中副驾和后排乘客较难观察到仪表盘、HUD 上的内容，因此涉及驾驶员的隐私信息可以优先显示在仪表盘、HUD 上。在多人乘坐的场景下，我们需要重点关注声音的播放，因为这容易引起隐私的泄露。上述的微信案例也考虑到了这些细节。

（3）由于智能座舱多屏交互与场景变化、用户意图、驾驶状态等多个因素有关，而且这项工作在业界和学术界仍处于初期阶段，笔者建议读者多从人因工程和以用户为中心的角度进行思考和设计。

5.4 车载信娱系统 HMI 设计的挑战

在向智能化、网联化转变的过程中，汽车不再是简单的出行工具，用户对于汽车舒适性、娱乐性的要求在提高，也愈加看重车载信娱系统的体验。有市场调研机构在 2021 年指出，智能化配置是购车决定性因素之一，甚至超过价格和品牌[1]。作为智能座舱智能化水平的重要窗口，车载信娱系统势必受到汽车厂商和科技公司越来越多的重视。虽然前文总结了一些经验和行业最佳实践，但随着芯片、显示屏等技术的发展，以及用车出行场景的拓展，车载信娱系统 HMI 设计还面临着一些待解决的问题。

1. 屏幕越大不等于体验越好

未来 3～5 年，智能座舱朝大屏化、多屏化方向发展的趋势明显，触控大屏 IVI 和 "一芯多屏" IVI 将成为主流。数据显示，2020 年，9 英寸及以上的显示屏市场份额为 27%；到 2026 年，预计 41% 的车载显示屏将是 9 英寸及以上，同时未来 5～6 年配备 15 英寸显示屏的汽车数量可能会增加 2 倍[2]。大屏让丰富的功能应用和信息内容"看得见、摸得着"，而且支持触控、语音等多种交互方式，能很好地体现座舱的科技感和豪华感。

但是，屏幕变大，并不是必然带来用户体验的提升。美国汽车协会（AAA）2017 年曾发布一份研究报告称，如果设计不当，在大尺寸触摸屏上操作可能会让人分心，尤其是对年纪较大的驾驶员而言。这项研究发现，通过语音控制和触控在 IVI 系统上设置导航或发文字消息，会造成长达 40s 的分心[3]。

中控大屏上的信息功能越来越多，以往通过物理按键完成的任务转为触控，

---

[1] 95 后倾向购买自主品牌和新能源汽车比例为各年龄段最高，https://china.jdpower.com/zh-hans/press-release/2021-china-NVIS-study.
[2] 车载中控显示屏，如何做到"不止于大"，https://www.dongchedi.com/article/6922432898159247884.
[3] New Vehicle Infotainment Systems Create Increased Distractions Behind the Wheel，https://newsroom.aaa.com/2017/10/new-vehicle-infotainment-systems-create-increased-distractions-behind-wheel//.

一些用户的操作习惯较难转变，可能带来安全隐患。2016 年，本田取消了几款车上的按键和旋钮，并以触控屏上的滑块取而代之，但很快收到客户投诉，说触摸屏不直观难操作，必须看着屏幕才能调节音量及空调等。于是，2020 年，本田在飞度海外版（JAZZ）上取消了空调等部分功能的触控操作，回归使用物理按键，如图 5-10 所示。

图 5-10　本田飞度海外版（JAZZ）2020 年回归物理按键

大屏幕意味着更多的显示空间，但并不意味着要把所有的控制和设置都塞到屏幕里，关键是站在用户角度，保证安全、高效的信息获取和指令执行，触达路径要短，响应要迅速，尽可能采用用户熟悉、容易学习掌握的交互方式。

2. 多屏联动的潜在问题

当智能座舱配备多块屏幕时，通常中控兼具车控和信息娱乐中心的职能，而副驾屏和后排屏主要为相应位置的乘客提供影音娱乐。多个屏幕通常强调屏与屏之间的互动互联，业界已有一些实际案例，比如通过双指或三指滑动在仪表和中控之间实现导航信息的流转，或是在中控与副驾屏、后排屏之间分享音视频内容；以及副驾帮主驾设置导航目的地、选取行车路线等，一键从副驾屏发送到中控屏上。不过，如何让车内乘员间（包括驾驶员）更好地分享信息和娱乐，相关设计和开发工作尚处于探索阶段。

理论上，除了与驾驶相关的操作控制外，乘客还可以与驾驶员共享车辆控制（如开关全车车门、车窗、后备箱等）、系统控制（如音量设置、蓝牙连接等）的权限，而控制权的级别要由乘客与驾驶员之间的信任程度决定。不过，由于这类任务与驾驶有一定关联，以往均由主驾控制。是否开放控制权给其他乘客？目前车企较为谨慎。

也有车型在允许互动的同时，强调屏幕之间的独立和互不打扰。比如小鹏G9，为了防止副驾在使用娱乐屏时打扰驾驶员，也为了避免车窗成像，该款车在副屏上设置了一块光线控制膜（如图5-11所示）。从主驾的角度望过去，根本看不到副驾屏上的内容，且副驾屏亮度极低。实际上，乘客使用副驾屏或后排屏享受音视频娱乐，是否会对主驾造成干扰、是否会引起驾驶员分心，尚未有定论。

图5-11　小鹏G9在副驾屏上配备光线控制膜

3. 监管标准逐步建立

现在，车载信娱系统不仅可用来听音乐，还可以在上面发送消息、买东西、上网、看电影等。对于哪些任务允许在驾驶过程中执行，哪些又会影响驾驶安全，在不同国家和地区说法不一。

以往，无论在中国还是外国，针对车载信息娱乐系统的指引和法规十分有限，主要集中在手机的使用上。2004年，开车时不能使用手持电话、不能观看电视被写进《中华人民共和国道路交通安全法实施条例》，一直沿用至今。现在，车载信娱系统的功能大为拓展，驾驶员对于车机的使用也开始成为各国交通管理部门的重点监管对象。美国大多数州允许在车内有视频显示，前提是从驾驶员位置看不到它们。2022年8月，北京市有关部门明确规定，通过车载电子显示屏观看视频节目以及长时间操作车载电子显示屏导航系统等属于"分心驾驶交通违法行为"，全市"电子警察"将进行抓拍记录，并纳入执法系统。

车载信娱系统智能化、网联化的历史并不长，有些情况实践先于标准，因此"无章可循"。近些年，通过学界的试验研究，加上政策法规的加紧推进，行业内应该会对驾驶和非驾驶状态下可以使用的车机功能逐渐形成共识，建议设计师对此保持关注，以保证设计的合规性。

笔者在本章5.1节提到，越来越多的汽车厂商看到自研车机系统的重要性，都在构建品牌自己的HMI设计系统。与此同时，主机厂积极推动将HMI的设计和开发平台化，从而提升设计效率、缩短研发周期，达到降本增效的目的。在平台化的背景下，HMI设计需要在以下多个维度满足兼容性和延展性。

（1）车型维度，一套设计需要兼容轿车、SUV、MPV等不同车型，以及各车型的高中低配置，当中有的车型采用横屏，有的可能采用竖屏，所以通常要同时为多个屏幕尺寸而设计，或是采取响应式设计，实现自适应布局。

（2）时间维度，需要考虑到未来至少3～5年车内屏幕、功能和交互方式的变化，比如屏幕越来越大、越来越多，再比如语音可以分区控制，设计时要为未来迭代和升级留有余地，而不是每推出一个屏幕型号尺寸都要重新设计。

（3）地域维度，在不同国家和地区，存在语言、文化和法律法规等多方面的差异，无论是外资品牌进入中国，还是自主品牌出海，HMI设计都要考虑跨地区版本的兼容性，尽量控制本地化的需求和成本，也有助于保持品牌HMI体验交互的一致性。

以上是汽车厂商将HMI设计平台化过程中，设计师需考虑的维度。如果是第三方应用提供者，同样需要考虑设计的兼容性问题。为了拓展驾驶出行服务，或是丰富自身车机系统的生态，很多移动互联网产品都会开发专门的车机版应用，比如地图导航类产品、音视频类产品，面对主机厂五花八门的车型、屏幕尺寸、设计语言风格等，第三方应用提供商经常要应汽车厂商的要求做不同程度的调整和定制，但另一方面也要保留用户已经习惯的、在移动端的交互行为，所以要在定制与沿袭之间做出一定权衡。

此外，随着自动驾驶技术的发展，争夺车载系统屏幕空间的不仅仅是信息娱乐内容，还将包括智能驾驶相关内容。汽车之家研究院数据显示，预计到 2025 年，中国 L2 及以上级别智能汽车销量将破千万辆，占中国汽车销量的 49.3%。在这样的大趋势下，车载信娱系统不可能一成不变，智能驾驶对 IVI 功能定位和 HMI 设计有何具体影响，我们将在本书第 7 章讨论。

第 6 章

智能座舱中的
多模交互设计

6.1 智能座舱中的多模交互包含了什么

6.1.1 HMI 设计中可用的感官通道

在 HMI 设计中,视觉、听觉、触觉和嗅觉都能发挥不同的作用。人类通过视觉接收的信息占所有感官通道接收的信息的 83%,在座舱中驾驶员的眼睛会分别从仪表盘、中控、后视镜、HUD、氛围灯以及车外环境获取相关信息。在 GUI 设计中,我们一般会通过具有结构化的图文和动效传达信息给用户,这时的内容有可能是大量、复杂和抽象的,但用户可以基于以往的经验和上下文快速理解这些内容想表达什么。

尽管视觉通道能接收大量信息,但也有自己解决不了的问题。在驾驶过程中,如果驾驶员需要一直看屏幕,这时屏幕内容会和路面信息相互竞争驾驶员的视觉资源,有可能导致危险的发生。即使不是屏幕的缘故,驾驶员也有可能因为视野盲区发生危险,因为大部分人两只眼睛的总视场接近 190°,驾驶员通过视觉察觉周围信息并不足以兼顾来自盲区的危险。而且,当照明不足时人双眼的视野会变窄,尤其在进入黑暗环境后人的眼睛会因为暗适应(Dark Adaptation)需要 30～40 分钟的适应期才能看清黑暗环境中的物体,如果突然有高强度的灯光进入人的视野,这时人会因为瞳孔大小来不及调整导致出现的短暂畏光现象,这种现象被称为明适应(Light Adaptation)。

听觉接收的信息占所有感官通道接收的信息的 11%。尽管视觉通道接收信息的效率远高于听觉通道接收信息的效率,但相比只有 190° 视场的视觉通道,听觉通道可以接收 360° 空间中的声音,同时环境中的声音信号总会传入人的耳中,尤其是频率较高的声音。在《音爆:声音的场景影响力》中提道:人类对声音的反应要快于其他所有的感官刺激,尤其是对特定声音的复杂感知和反应。因此在 HMI 设计中我们通常会看到很多车企会优先使用警示音作为危险信号的提示,同时警示音可以根据方位进行变化，这样驾驶员能更好地感知到哪个方位引起了问题。

语音交互也依赖听觉通道，它能允许驾驶员眼睛不离开路线直接通过对话的方式和系统进行交互，语音交互在一定程度上解决了系统信息和环境信息相互竞争驾驶员视觉通道的问题，而且语音交互跟人工智能有着强联系，所以语音交互是近几年车企最看重的交互方式，在此笔者先不做过多介绍。

通过听觉通道传递信息也有一些不足之处，例如语音交互只能传递比较简单的信息，如果一秒传递的信息过多驾驶员有可能理解不了，所以大部分的 VUI 对话会保持 1s 4 个字的语速；同时语音交互的整个流程没有其他模态的辅助下用户无法感知当前处于哪个阶段。还有声音信号难以避免对无关人群形成侵扰，尤其长期的噪声干扰会直接影响驾驶员和乘客的情绪；听觉对复杂信息模式的工作记忆保持时间较短、声音信号的瞬态特性也决定了其信号不可持久存在。

触觉接收的信息占所有感官通道接收的信息的 3.5%，在外界的温度、湿度、压力、振动等刺激下，会引起冷热、润燥、软硬、压力、痛觉、振动等反应。为触觉感官提供反馈信息在人机交互中被称为触觉感知。触觉感知是必不可少的，因为它是我们在真实环境下感受实体的唯一途径。人类通过触摸就能知道当前操作对象的状态并进行操作。如果在按键上增加纹理或刻度，人类只通过触觉通道就能感知和操作该对象，久而久之形成肌肉记忆，无须视觉通道的介入就能以更快的速度摸到该按键并完成相关操作。不过由于触觉感知分辨率较低，感受器只能感受到纹理之间粗颗粒度的差异，如果两个纹理比较相似，那么感受器很难第一时间辨别出两者的差异是什么。

在过去，随着电阻屏、电容屏、多点触控屏的引入，成本较高的物理按键逐渐被触控屏上的虚拟按键和手势取代，典型代表是电动汽车 Tesla 上的触控屏，由于手指上的感受器无法在触控屏上感受到更多特征，导致人类在操控触摸屏时必须看着屏幕，这导致驾驶时容易产生驾驶危险。目前供应商也在着手解决该问题，例如在中控屏幕背后增加线性马达或者压电陶瓷，从而让用户触碰到屏幕不同区域，以及和不同控件/组件交互时给予不同的震动反馈，从而希望能让用户逐渐形成肌肉记忆。除此之外，方向盘、按键、挡位、座椅和安全带给驾驶员的触觉感知是最近几年工业界和学术界都在研究的方向，例如有些汽车在开启汽车道路偏移警示系统后，当车辆行驶时偏离了车道，系统便会通过方向盘震动来提醒驾驶员。

嗅觉接收的信息占所有感官通道接收的信息的 1.5%。尽管嗅觉接收信息的占比极低，但嗅觉失灵了也会对人们的生活品质造成很大影响，例如严重嗅觉丧失的人，可能因为无法闻到煤气的气味、东西燃烧的气味而危害生命安全。除此之外，国际品牌大师马丁·林斯壮（Martin Lindstrom）在《感官品牌》一书中提道：人的情绪有 75% 是由嗅觉产生的。嗅觉是五感中唯一一个不经过丘脑传递信息的感官通道，它直接将刺激传递到大脑中与情感、记忆和本能反应相关的腺体。因此，嗅觉是最直接并能唤起人类本能行为和情绪记忆的感官。

在汽车智能座舱领域，香氛除能够改善车内氛围及乘客体验外，许多研究证明气味对驾驶员有着积极的影响。在 *What Did I Sniff? MApping Scents Onto Driving-related Messages* 一文中提及，在驾驶环境中气味和汽车信息之间存在着映射关系。例如，"汽车要去加油"或"放慢速度"等紧急信息被映射到刺激性气味上，可以使用柠檬或薄荷气味；而薰衣草与薄荷气味一起被选为传达"减速"信息的最佳气味，它们能隐含地建议驾驶员保持冷静；玫瑰的香气能够对司机放松起到良好的作用。近年来，多家车厂已经将嗅觉交互纳入自己的产品交互体系中，例如梅赛德斯·奔驰的 S 级系列、宝马的 7 系列及蔚来的 ES6。

但是嗅觉设计存在几个问题：绝大部分的香味来自大自然而且找不到合成的方法，即使有合成方法，合成的气体也涉及一系列复杂的化学反应，因此现场合成气体是不可控的。每位用户对气味的感受不一样，而且长期在此气味下容易引起嗅觉疲劳，这时气味的作用会逐渐失效。视觉、听觉、触觉和嗅觉四种感官通道的优缺点见表 6-1。味觉占总信息量的 1%，但在智能座舱中并未用到。

表 6-1 四种感官通道的优缺点

通道	信息量	优点	缺点
视觉	83%	1. 可以传递比较复杂或抽象的信息 2. 可以传递信息量较大的信息，例如图像、结构化信息和视频	1. 视野区域只有一定范围，例如驾驶员看不到后方信息 2. 浏览屏幕内容和观察路面信息相冲突
听觉	11%	1. 可以传递空间方位信息，例如后方来车提醒 2. 和语音交互搭配使用可提升安全性和效率 3. 驾驶状态时，相比屏幕能更快地提示信息	1. 听觉通道一直打开，长期的噪声直接影响驾驶员情绪 2. 只能传递比较简单的信息，例如 VUI 1s 约传递 4 个字 3. 交互流程不可见

续表

通道	信息量	优点	缺点
触觉	3.5%	1. 触觉是人在真实环境下感受实体的唯一途径 2. 能感受温度、湿度、压力、振动、粗糙程度等因素的差异 3. 允许用户实现盲操，例如挂挡、按键	1. 大部分触觉交互的前提是表面具有不同特征 2. 分辨率低，只能传递比较简单的信息 3. 大部分触觉信息需要触碰才能交互 4. 模拟实体的真实感受，器械成本高
嗅觉	1.5%	嗅觉能直接唤起人类本能行为和情绪记忆	1. 不同气味可以产生不同刺激，但个体感受差异大，并不是所有的驾驶员喜欢同一个味道 2. 疲劳/习惯后作用失效

6.1.2 逐渐成熟的交互模态和技术

在智能座舱中，除了基于触觉感知的触控屏、实体按键等交互方式，隔空手势、人脸识别、姿态识别、眼动追踪、心电监测、呼吸监测等交互和识别手段都在逐渐往座舱落地，接下来笔者将对这些技术一一进行介绍。

在隔空手势方面，宝马汽车对接听/挂断电话、调节音量、切换歌曲、倒车影像视角调整分别做了手势定义：食指指向屏幕表示接听对话；手指垂直屏幕向右挥手表示挂断电话；食指指向屏幕顺/逆时针表示音量增加/减少；握拳后大拇指指向左、右两侧分别代表切换上一首歌曲、下一首歌曲；大拇指和食指捏合向左或向右移动表示倒车影像视角向左或向右调整。同时宝马汽车还预留了食指和中指指向屏幕触发自定义功能。除了宝马，路虎、理想、长安等车企都在不同车型上配备了隔空手势技术。但是，在业界会有一个疑问：既然车上都配备了方向盘按键、语音交互等交互方式，为什么座舱里还需要隔空手势？

以下是笔者的观点：在某些场景下隔空手势的效率会高于其他模态，例如图 6-1 中用户可以通过手势开启或者关闭天窗。隔空手势在一定程度上能体现智能座舱的科技力，而且模态的冗余设计是实现自然交互的必经之路，因为人与机器的交互方式应该是多维的。但是隔空手势需要摄像头常开以及系统实时监控画面，每一帧画面都需要计算用户是否发起了手势，这对算力的消耗有一定的影响，因此增加隔空手势会带来较多隐私和技术上的难题。如果从这个角度来看，隔空手势在现阶段并不是智能座舱的必选项。

图 6-1　用户可以通过手势开启或者关闭天窗

目前已经有很多车企在车辆座舱内放置一个面向驾驶员的红外摄像头来实时监测驾驶员的头部、眼部、手部等细节，可以从眼睛闭合程度、凝视方向、是否打哈欠、头部运动和身体姿态等检测驾驶员状态，包括是否疲劳、分神或者是否有抽烟、打电话等行为。这个红外摄像头加上相关技术被定义为 DMS（Driver Monitoring System，驾驶员监控系统）。欧盟 E-NCAP 发布的最新 2025 路线图，要求从 2022 年 7 月开始，所有新车必须配备 DMS；2018 年中国已对"两客一危"等商用车安装 DMS 做出强制要求，在乘用车 DMS 搭载上也在持续推进制定规范。DMS 的红外摄像头除了用于驾驶监控外，其中的人脸识别技术可以在驾驶员上车时提供个性化服务，例如识别到不同的驾驶员会自动调整座椅角度、驾驶模式、登录对应账号等，除此之外，部分车企会通过人脸识别技术实现不同的上车语音问候。

眼动追踪是改善 AR-HUD 体验的必备技术。众所周知，AR-HUD 是对路面环境信息进行增强显示，体验中最重要的一环是如何将路面和 AR-HUD 的投影图像匹配在一起。最好的方法是 AR-HUD 根据驾驶员的眼睛位置在驾驶员的视线水平上投影信息，从而消除驾驶员移动头部时投影图像和路面信息之间的潜在不匹配。在 CES 2022 大会期间松下汽车系统公司发布了整合眼动追踪系统的 AR-HUD 2.0，它可以识别司机个人的身高和头部运动，动态地进行视差补偿（正确对齐光路中的 AR 图标）和自动对焦（考虑到驾驶员位置的变化）。但是眼动追踪在座舱内落地存在较大的挑战，涉及光线的实时变化、摄像头的摆放位置、第一次使用前需要对驾驶员进行校准以及算力不足等问题。

如果在驾驶中突发严重心律失常或心肌缺血等现象，不仅驾驶员有猝死危险，而且有可能造成重大交通事故。2013年日本丰田汽车公司、电装公司和日本医科大学开发出通过汽车方向盘测量驾驶员的心律及脉搏，由此检测驾驶员突发急症前兆的系统。此系统据称能够根据自律神经活动及心电图的变化，尽早检测出急症发生的前兆，以提醒驾驶员等加以注意。2020年一汽奔腾研究院主导开发的智能心律方向盘也首发亮相，该方向盘配置了ECG传感器，可实时采集驾驶员静息心率等数据。截至本书出版前，该技术仍未被商用化，有可能跟ECG采集心电数据准确率较低有关。

有研究表明，心跳和呼吸速率的变化是司机状态的最佳指示信号，因为这些信号都与疲劳有关。为此2014年欧洲一家创业公司发明的Harken系统可用于监测心跳和呼吸速率，Harken系统包含了一个汽车椅套传感器、一个安全带和一个信号处理单元来实时处理传感器数据。Harken可以监视心跳和呼吸速率的变化，并在疲劳迹象出现之前对司机发出警告。和ECG技术一样，呼吸监测技术在本书出版前仍未被商业化。尽管智能座舱被称为最好的移动健康监测系统，加上心电和呼吸监测确实有助于驾驶安全，但如何落地仍是较大的技术和商业难题。

6.1.3 基于机器人的情感交互

在中国，部分车企正在通过车载机器人把智能座舱打造为"第三生活空间"及"情感化空间"。为什么机器人是承载情感交互的最好载体？因为语音交互过程中语音助手的音色、语调以及话术都会和情感交互产生交集。在2021年第11届中国汽车论坛上，华为HMI实验室人因工程高级研究员邓园发表了在中西文化成长下的年轻一代司机，对于车载语音助手及可能的车载机器人态度都有哪些不同和相同之处。关于车载语音助手沟通预期，有超过六成的受访者希望语音助手说话时像朋友一样，平等、轻松、休闲。同时在研究中问了受访者，如果车上配备了车载语音助手希望是什么角色？结果显示，中国年轻人里超过七成受访者选择了陪伴者，另外中国年轻人对于语音助手拟人化的形象都有广泛的接纳度。从以上调研结果可知，情感机器人在中国市场，尤其在年轻人群体中有一定的需求。

那么在座舱内实现情感机器人有哪几种方式？按照目前业界的已有做法可以分为3类，它们分别是虚拟机器人、实体机器人和智能座舱本体，前两者具体案例可以参考小鹏汽车的小P、蔚来汽车的Nomi。由于汽车本身就能定义为机器人，绝大部分车企会通过氛围灯及智能表面技术来体现座舱具备智能和情感交互能力，最好的案例可以参考奔驰的概念车 VISION AVTR。3 类机器人如图 6-2 所示。

图 6-2　小鹏的小 P、蔚来的 Nomi 和奔驰的 VISION AVTR

虚拟机器人的设计跟屏幕中传统的语音助手并无差异，在此笔者不做过多介绍。关于实体机器人，在学术界已经有数十篇文献证明实体机器人有助于提升驾驶安全，例如从同理心的角度，当汽车处于高速驾驶时机器人表现出害怕表情，这时驾驶员会因为不想机器人担心而降低速度；从引人注目和接受度的角度，相比语音和屏幕界面，老年驾驶员更愿意接受机器人提供的支持等，感兴趣的读者可以自行查阅相关文献。

关于智能座舱本体，由于概念较为新颖以及大部分的智能表面技术仍未成熟，目前业界和学术界的相关案例较少，感兴趣的读者可以多参考各个车厂发布的概念车以及关注一下高合的 HiPhi Z 车型。HiPhi Z 如图 6-3 所示，在内饰中采用了由一条机械臂控制旋转的中控屏幕以及大量氛围灯来营造座舱内部的科技感，该中控屏幕被定义为"车载数字机器人 HiPhi Bot"，可实现中控屏幕 90°旋转，以及三维的移动。

图 6-3　高合 HiPhi Z 内饰

6.2 智能座舱中多模交互的重要性

6.2.1 多模交互的价值所在

通过多模交互实现安全、高效和舒适的车内交互体验正是多模交互在智能座舱中的价值所在。那么怎么才算安全、高效和舒适？

在 2.3.1 节提到了态势感知、SRK 模型、多重资源理论及耶德定律，这四个模型相互结合可以解释为什么智能座舱体验设计需要考虑多模交互。以 SRK 模型和耶德定律结合为例，为什么新手司机需要非常专注地看着前方开车，因为他们的驾驶操作仍处于知识层面，这时新手司机认知负荷处于较高水平，当有其他事项影响到新手司机导致认知资源过载时，容易发生危险。但对于驾驶熟练的司机来说，驾驶操作已经成为技能，他们无须将大部分的认知资源放在路面上，这时许多简单的任务可以同时进行。尽管经验丰富的司机可以同时处理多项任务，但是遇到不熟悉及恶劣环境时仍是需要非常专注地开车，因为这时他对环境的理解处于知识层面。

以态势感知和耶德定律结合为例，在手动驾驶状态下，驾驶员的开车过程就是对周围环境进行数据采集（感知），然后加工处理（预测和决策）并采取行动操作车辆。当汽车处于智能驾驶状态时，由于驾驶员很可能没有把注意力放在驾驶任务上，一旦出现问题需要驾驶员接管，此时驾驶员需要在极短时间对环境进行感知、预测和决策并做出行动，认知负荷很可能从较低瞬间提升到较高甚至过高水平，从而导致分心或者焦虑。从多重资源理论的角度来看，好的驾驶体验应该是将需要驾驶员关注的信息通过不同通道去呈现，从而降低驾驶员的认知负荷。

除了认知负荷，上文提及的人脸识别、姿态识别、心电监测、呼吸监测等交互和识别手段都是为了保障驾驶员处于一个良好的驾驶状态，从而保障乘客和车辆安全。方向盘按键、语音交互、隔空手势和眼动追踪等交互方式都能有效提高驾驶员的操作效率，并且让驾驶员可以在背部不离开座椅的前提下操控整辆汽车，有效提升操作时的舒适度，而这些目的的背后依然是让驾驶员更安全地操控车辆。

6.2.2 多模交互在驾驶状态下的作用

无论在手动还是智能驾驶状态下，我们尽量让驾驶员在驾驶过程中不必经常看中控屏幕和环顾四周也能及时获取和快速理解信息。不需要驾驶员经常看中控屏幕的原因在于中控屏幕不在驾驶员的合适视野范围内，NHTSA建议驾驶员单次平均视线偏离路面时间不应超过2s。其次驾驶员观察路面信息已经占用较多视觉资源和认知负荷，对于一些驾驶经验较少或者对当前环境不熟悉的驾驶员来说，环顾四周在一定程度上会增加认知负荷，从而引起紧张甚至分心。因此好的多模体验应该将系统、车辆及路面信息通过多屏交互、语音交互、氛围灯交互、触觉交互等方式实时让用户知道当前发生了什么。

接下来笔者将以小鹏汽车的自动导航辅助驾驶（Navigation Guided Pilot，NGP）和凯迪拉克超级辅助驾驶系统（Super Cruise）为例解释一下车企是如何思考多模交互在驾驶状态下的作用的。为了能让驾驶员在辅助驾驶状态保持手握方向盘以及处于良好的态势感知，小鹏汽车在开启NGP后，语音助手小P会告知驾驶员"NGP已开启，请保持手握方向盘观察路况，有风险时立即接管"，并且通过语音交互和屏幕显示的方式实时告知用户当前状态以及系统的决策和行动是什么。例如车辆在掉头前1～2s小P会告知"即将掉头"，同时中控屏幕实时显示掉头时车辆和地图的变化状况；当系统感知到某些区域可能存在风险或者需要驾驶员注意时，小P也会实时播报相关内容，例如"前方可能横穿行人，请小心驾驶"或者"即将超车"，后者地图会提前显示车辆会以什么方式超车，这样的做法能让驾驶员更好地认知当前状况并允许车辆是否可以超车。当系统检查到驾驶员没有手握方向盘或者刹车过猛时，小P也会提醒驾驶员"请保持手握方向盘"以及"抱歉刹车有点猛"，从而纠正驾驶员的不良驾驶行为。

从以上案例可知，多模交互能让驾驶员在智能驾驶时处于良好的态势感知和驾驶行为，如何提示驾驶员分神或者接管车辆也是多模交互的重点使用场景。凯迪拉克开启辅助驾驶后，当发现驾驶员处于分神驾驶，会通过三层警报依次警示用户。第一层警报是系统检测到驾驶员可能没有注意前方道路，方向盘灯条会闪烁绿色来提示驾驶员将注意力转移到道路上。如果方向盘灯条绿灯闪烁时间过长，系统判断驾驶员对前方道路持续缺乏关注，此时会通过方向盘灯条闪烁红灯、发出哔哔声或安全警报及座椅振动的方式来提示驾驶员看路并手动驾驶车辆。如果方向盘灯条红灯闪烁时间过长，系统会发出语音提示驾驶员应该立即接管转向，否则车辆将会减速并最终刹车停止，并提示经过紧急认证的OnStar顾问呼叫车辆检查驾驶员的情况。

最后，在没有驾驶任务的前提下，座舱的多模体验可以偏向沉浸娱乐类型，例如通过语音助手、氛围灯、座椅联动的方式营造良好的上车问候和下车欢送体验。用户在听音乐、看视频时的氛围灯如何与音响和多声道联动已经成为每个车企的关注方向，小鹏 G9 在这方面还增加了座椅的联动，当用户使用"5D 影院"时电影的部分细节会转换为座椅震动。除此之外，乘客的乘坐体验也非常重要。

6.2.3　设计多模交互体验的 4 个思考点

如何通过多屏交互、语音交互、氛围灯交互、触觉交互等交互方式实时让用户清晰地知道当前发生了什么？这一直是学术界和工业界都在探讨的前沿课题，以下是笔者认为在设计多模交互体验时需要关注的四个点。

1. 信息可以通过多通道冗余的方式呈现，尤其是高优先级甚至紧急的信息

通过研究证明，"视觉 + 听觉"或者"视觉 + 振动触觉"警告已证明比单模态警告的响应时间快，这跟多模交互的冗余增益可加快信息的处理时间有关[1]。听觉或振动触觉信号是短暂的，因此信息可能会被遗漏或遗忘，这在关键信息的情况下尤其重要。而当驾驶员因自身原因或者环境原因导致视觉或者听觉接收信息存在障碍，例如黑暗环境或者吵闹环境，多通道传递信息能尽可能避免驾驶员无法接收信息的问题。

2. 重要信息应该在感知上最显著，尤其是警告信息应引导用户朝向危险源

由于驾驶过程中有大量的信息发生在不同方位上，当即将有紧急事件发生时，应当让驾驶员在适当的时候看向即将发生危险的方向，例如车辆的前 / 侧 / 后方位，此时基于视觉的氛围灯和基于听觉的警示音都能有效引导用户朝向危险源。

3. 每个模态传达的信息是可理解的，尤其是模态联动时

HMI 中很多信息都会通过 GUI 界面的文字和符号表示，但这些信息被转化成语音甚至对话时是否容易被理解是个问题，尤其是符号为非标准符号或者具有二义性。因此在设计 GUI 信息时应当考虑等效的语音信息是什么。另外，不同优先级的信息应当可以相互区分，尤其是触觉信息，因为大部分实现触觉反馈的器件分辨率较低，用户很难区分相近的振动反馈差异点在哪。

---

[1]　J. L. Campbell，C. M. Richard，J. L. Brown，M. McCallum. Crash Warning System Interfaces: Human Factors Insights and Lessons Learned.

4. 信息的输入和输出是合理的，避免引起人的不适

在黑暗环境下突然出现一道高亮的光线容易引起人的眼部不适，同理听觉、触觉和嗅觉的输出也要考虑避免引起人的不适。过高响度的听觉信号让人难以忍受甚至致聋；过高强度的触觉信号会让人感受到疼痛；过高浓度的嗅觉信号容易引起刺鼻甚至嗅觉失灵。读者可能会问具体的阈值是多少？在此笔者建议读者和人机工程相关的同事协商，因为以上阈值在不同文献中有着较大差异，这可能跟不同车辆的整车布置和实验环境有关。

在信息输入方面，输入效率过低和文化差异也会引起人的不适。例如语音交互过程中用户发出的指令拗口或者朗读时长需要数秒会引起用户的不满；同一个手势在不同文化习俗中可能有着不一样的解读。以"OK"手势为例，在美国、英国、中国的文化中该手势意为"没问题"，但是在土耳其、希腊、巴西和德国的部分地区，"OK"手势是一种极具侮辱的冒犯性手势，该问题在涉及国际化设计时尤其突出。

以上是笔者在以往设计过程中总结的4个关注点，如果读者对这方面感兴趣可以多查阅相关文献。由于多模交互仍处于发展前期，笔者相信未来还会有更多的注意细节需要我们考虑。

6.3 语音交互中的多模体验设计

6.3.1 基于多模态的语音交互体验

在智能座舱里，语音交互过程的体验也是一种多模交互体验，主要原因如下。

第一，语音交互的状态包含了唤醒、聆听、识别、播报和持续倾听，这5个状态都是不可见的。为了让用户清晰知道当前处于哪个状态，大部分车企会通过视觉通道来呈现当前的语音交互状态是什么，具体表现形式包括通过屏幕内的虚拟形象及GUI动效来表示不同状态；在物理空间上通过实体机器人和氛围灯来表示不同状态。通过实体机器人和氛围灯来表示状态有一个好处就是它们可以直观地体现方位信息，例如驾驶员发起语音交互流程时，蔚来汽车的Nomi机器人会转向驾驶员，如图6-4所示，大众ID.4的ID.Light光语交互系统会在驾驶员前方发出白光，如图6-5所示。

图 6-4　驾驶员发起语音交互流程时，蔚来汽车的 Nomi 机器人会转向驾驶员

图 6-5　大众 ID.4 的 ID.Light 光语交互系统会在驾驶员前方发出白光

第二个原因是在智能座舱中麦克风离后排乘客较远导致唤醒词唤醒成功率较低，以及语音唤醒不一定是最快的唤醒方案，因为整个唤醒过程需要 2～3s。为了解决以上问题，大部分车企除了提供唤醒词唤醒语音助手，还会为用户提供方向盘及车门按键的方式唤醒语音助手。除此之外，通过按键唤醒语音助手还能解决以下音区锁定的问题。

在智能座舱中，噪声和空间关系都会影响对话质量和上下文，为了解决该问题，大部分车企会采用双音区或者四音区的技术方案来隔离噪声。以四音区为例，当驾驶员通过唤醒词、方向盘的语音按键方式唤醒语音助手，此时语音交互的拾音会锁定驾驶员方向截至语音交互流程结束，这时其他乘客说话的声音不会被麦克风获取。同理，副驾和后排乘客通过唤醒词和门板按键的方式唤醒语音助手都会锁定对应的音区。这样的好处是有效降低噪声的影响，并且确定是哪个方向的用户发起语音交互并且提供对应的服务。

在某些语音交互过程中系统并不会锁定音区，例如系统主动发起对话。如何让用户区分当前系统锁定了哪个音区或者全区拾音是非常重要的，因为每一名用户在有些时候都想插一句指令，但如果不知道自己插的指令是否被满足会感到困扰。同时在座舱内驾驶员应当比其他乘客拥有更高的控制权，部分车企会在语音交互过程中增加抢断逻辑，例如驾驶员可以通过方向盘按键直接抢断后排乘客和语音助手的交互过程，这时实体机器人和氛围灯来体现方位信息变得非常重要。

除了语音和按键唤醒，还有哪些方式可以唤醒语音助手是大部分车企正在探索的课题。笔者认为多模唤醒语音助手可以多参考人与人之间的交流，例如看到你的朋友突然转向并看着你，或者向你挥手打招呼，其实你是知道朋友是想和你发起交流的。假设在一个空间里只有你和朋友两个人，即使你的朋友没有做上述动作，你也可以判断上下文的方式知道你的朋友是否在和你对话。笔者相信，未来的多模唤醒一定是更自然和更无感的。

6.3.2　为什么要提升语音交互的使用效率和频率

为什么每个车企都会全力发展语音交互技术？原因在于屏幕中的大量视觉信息占用驾驶员的认知资源，从而引起驾驶员的分心，为此 NHTSA 建议驾驶员单次平均视线偏离路面时间不应超过 2s。其次，基于屏幕的 GUI 交互需要驾驶员通过触摸或者按键的方式进行交互，前者需要驾驶员单手离开方向盘从而有可能引起安全风险，后者则效率低下。为了解决以上问题并提升驾驶安全，几乎不占视觉和手部资源的语音交互成为每个车企关注的焦点。从智能座舱语音交互技术发展来看，笔者认为提升语音交互的使用效率和频率主要由以下四项技术决定。

1. 更自然的唤醒技术

部分语音技术供应商支持"免唤醒"和"one-shot"技术，"免唤醒"是指省略唤醒词直接说"打开车窗"，车窗就会直接打开。其实"免唤醒"正是用了唤醒词技术，只不过把默认唤醒词改为指令，新的唤醒词被命中后会直接执行相关指令。"one-shot"技术也被称为"唤醒连说"，支持用户在说出唤醒词之后不作停顿，立刻说出后续需求。例如用户直接说"Alexa 帮我打开车窗"，Alexa 就能直接把车窗打开。这种方式摒弃传统的一问一答形式，极大减少了用户语音操控的步骤。

2. 全双工语音交互

在 2020 年以前，由于部分语音交互技术暂未成熟，用户和语音助手的交互大多属于单轮交互或多轮交互，两种交互方式带来的问题是用户无法持续地向语音助手发起指令。单轮交互是指每次语音助手被唤醒后只能完成一项对话，不管任务能否被完成，语音助手都会进入休眠状态。多轮交互是指用户可以不用多次唤醒语音助手，双方可以通过多轮交流的方式完成一个任务，当任务完成后语音助手会自动进入休眠状态。

为了让语音交互拥有更自然和更高效率的体验，在 2020 年陆续有车企推出持续监听和全双工语音交互技术。持续监听可以理解为一旦唤醒语音助手，语音助手会把麦克风一直打开。用户可以一直说，语音助手会针对用户每一句话分别做出响应。但是持续监听的体验依然存在很多问题，因为麦克风一直打开，语音助手会把所有的声音进行聆听并做出响应。假设上一轮对话未结束，这时候语音助手听到其他人说的话，误以为这是新的语音任务，会把上一轮对话直接结束并播报新的内容。

相比简单地把麦克风打开，全双工语音交互不会像持续监听一样容易被噪声打断整个对话过程。要实现以上效果，全双工语音交互需要拥有更强的抗噪能力和上下文理解能力，它能理解声音是否跟当前任务有关，并且能猜测当前任务下一轮对话是什么，这对于技术的要求非常高。全双工语音交互可以简单地理解为真正的"边听边说"，用户一旦习惯了全双工语音交互，就很难回到以上三种交互模式，所以全双工语音交互是提升语音交互的使用效率和频率的重要基础能力。

3. 实现捷径

小鹏汽车 P7 在 2020 年发布的官方视频中提到驾驶员进入座舱时对语音助手说一句话，系统会自动帮助驾驶员完成十几项步骤，极大提升了人和机器的交互效率。这项体验的背后是捷径的实现，捷径是指用户可以将若干操作选项按顺序整合在一起，并赋予一个指令，当指令被响应后，涉及的操作选项按顺序会依次执行。尽管该技术跟语音交互没有太大的关系，但从用户心智来看，这是语音交互和人工智能技术带来的便利。

4. 实现 GUI 和 VUI 融合

在上述的小鹏官方视频中也提到了驾驶员可以在 23s 内完成 10 轮语音交互对

话,这项体验的背后是 GUI 和 VUI 融合的实现,它能让用户说出屏幕内容并被 VUI 执行,加上全双工语音交互技术实现"可见即可说"。GUI 和 VUI 融合为语音交互带来的好处是有效提升语音交互的使用频率,但融合背后有较多的问题需要注意,这些问题请看 6.3.3 节的内容。

6.3.3　GUI 和 VUI 融合时存在的问题

GUI 和 VUI 结合在一起需要考虑很多问题,首先我们先了解一下各自的特点。GUI 有以下特点。

(1) 通过焦点对看到的界面元素进行直接操作。

(2) 在智能座舱中,无论是屏幕触控还是按键走焦都会让控件获得焦点而响应。这也意味着 GUI 的第一个缺陷是没有焦点的确认,GUI 不知道用户在操作哪个对象。

(3) 信息的展现和交互由屏幕和 GUI 元素决定。GUI 显示依赖屏幕,而屏幕的大小都是固定的,如果用户不滚动或者切换界面,我们可以认为屏幕的内容是固定的,超出屏幕的信息都是不可见的。结合第一个缺陷,GUI 的第二个缺陷是桌面和窗口里看不到的内容无法被用户阅读和操作。

(4) GUI 交互流程是固定的。由于交互流程由信息架构决定,而每一个应用的信息架构是固定的,所以 GUI 的交互流程也是固定的。所以 GUI 的第三个缺陷是不能随时随地切换流程和路径,只能通过实体 / 虚拟按键或者手势回到特定路径上。

(5) 信息会随着不同的排版和布局发生变化。在 GUI 的布局设计中,设计师普遍遵循格式塔原理,其中包含的接近性原理、相似性原理、连续性原理、封闭性原理、对称性原理、主体 / 背景原理和共同命运原理都能对设计布局产生影响,例如互相靠近或者相似的物体看起来属于一组、一起运动的物体被感知为属于一组或者是彼此相关的。

(6) GUI 支持多任务切换。在 GUI 中一个窗口代表一项任务,当屏幕上有多个窗口被打开时,用户可以通过焦点切换告诉操作系统现在哪个窗口正在被用户使用,这时界面元素会有相应的变化。在座舱中仪表盘、中控屏幕都存在着多个窗口的交互,例如大部分车企会在仪表盘左右两侧放置不同的任务卡片。

VUI 的特点如下。

（1）VUI 的交互手段由词组和语法决定。VUI 没有控件、组件、页面等界面元素的说法，所有的交互手段都是由词组和语法构成。一般来说，VUI 中的操作对象不是主语就是宾语，但用户说话时不一定会把它们说出来，因为用户说话时有可能将眼睛看到的、脑海里出现的、上下文提及过的事物都默认设定为主语或宾语，这时候说话可能会不小心把它们说出来。

（2）VUI 是"所想即所说"，和 GUI 的"可见即可点"不一样，在语音交互过程中用户眼睛看到的、脑海里出现的、上下文提及过的事物都有可能成为交互对象。所以 GUI 的交互对象仅是当前页面里的界面元素，而 VUI 的交互对象可以是任何事物。

（3）VUI 的一句话等于一项或多项操作。一般来说，GUI 完成一项任务需要分几个步骤，VUI 可以一句话就搞定，例如"空调开到 20℃"。

（4）VUI 交互流程是可变化的。GUI 的信息架构是固定的，例如买电影票时要么先选电影要么先选电影院。但 VUI 和 GUI 不太一样，VUI 的信息架构是需要变化的，因为先选电影或者电影院对于用户来说都是正确的步骤。另外，用户可以通过 VUI 随时随地打断当前任务跳到其他流程上，这些都是固定信息架构的 GUI 所做不到的。

（5）VUI 不适合复杂任务。VUI 没有界面和文字引导，加上用户工作记忆的限制，导致用户接收信息是有限的。

（6）VUI 的交互方式由剧本决定。语音助手说话的内容、语言的风格都会影响到用户对语音助手的认知，所以剧本需要考虑在交互流程可变的情况下，语音助手该怎么和用户对话，包括如何回复用户的问题以及如何过渡衔接到下一个任务或者话题。

（7）VUI 可以影响用户情感。声音能影响用户的情感，所以语音助手说的一字一句都有可能影响用户的感受，例如语速较快、声调较大的语音可以给用户紧张急促的感觉；在说话时加入笑声的元素能给用户一种性格开朗的感觉。

结合上文，相信大家对于 GUI 和 VUI 的各自特点已有所了解。这两种交互方式各自使用不会有事，一旦融合在一起会有很多问题需要解决。

（1）两种交互方式的信息输出效率不一样。GUI 主要以文字、图像和视频为主；VUI 主要以语音为主。视觉接收的信息量可以达到听觉接收信息量的数十倍甚至百倍以上。

（2）两种交互方式的操作对象不一样。GUI 的操作对象是获得焦点的界面元素；VUI 的操作对象是主语或者宾语，两者不一定有关联。一旦 GUI 和 VUI 融合，就要考虑两者属性打通的问题。GUI 的每一个控件都有自己的基础属性，例如 GUI 中的 Button（按钮），它只知道自己是一个 Button，只知道自己有 Default、Focus、Hover、Active 和 Disable 状态，但是 Button 具体的业务逻辑和操作成功与否都是由程序中的回调函数决定的，Button 本身是不需要知道的。但是在 VUI 中，每一句指令没有基础属性这个说法，VUI 才不管自己现在处于 Focus、Hover 还是 Default 状态，它只管这句指令是否被顺利执行，所以 GUI 和 VUI 关注的点是不一样的。

（3）表达方式不一样。GUI 能通过文本、图片、视频和布局结构表示不同的含义，而 VUI 只能通过基于文本的语音表达。在耦合过程中难免会遇到一些歧义的地方，例如在 VUI 中通过"返回""上一页"的指令也可以让界面回到上一个界面，但是返回到"上一页"跟翻页中的"上一页"表述是一样的，这时候基于文本的语音表达，系统并不能清晰地知道用户的真实意图，所以 GUI 和 VUI 融合时需要把这些带有歧义的指令做好容错设计。

（4）交互流程不一样。GUI 是由界面元素和固定的信息架构决定，在 VUI 里，用户平时有自己的说话风格和想到什么说什么的习惯，所以 VUI 的交互流程是随时可变的。

（5）两种交互方式融合会带来互斥问题。在 VUI 剧本中，GUI 操作可能会影响 VUI 剧本的进行。例如，GUI 支持多任务切换，而 VUI 没有多任务并行这个概念，所以 GUI 切换任务时会导致 VUI 剧本错乱的问题。VUI 在同一时间内只能播放一条信息。在 VUI 播报时，如果 GUI 的反馈涉及 VUI 播报，新的播报内容要么截断当前播报内容，要么等待当前播报内容结束后才播报，但两种方式都会对用户体验造成影响。

（6）两种交互方式融合会带来时序问题。在用户的视角，他会认为自己说过的话点击过的按钮都有先后顺序，这是很自然的事情。但是计算机并不会这么认为，因为绝大部分的语音交互识别和理解都是在云端进行，而 GUI 绝大部分的操作都是在客户端完成，当客户端和云端数据传输产生的时差会直接影响到多模交互的先后顺序，从而导致用户产生困惑。

6.3.4 GUI 和 VUI 融合时的 8 条设计原则

为了解决 GUI 和 VUI 融合时存在的问题，笔者在工作实战中总结了 8 条设计原则。

1. 交互是一种行为，它具有目的性

这句话是整个 GUI 和 VUI 融合的核心。要知道用户每操作一个控件，每跳转一个页面，这些行为的背后都是有目的的。例如用户在 GUI 中打开空调界面、开启空调、手动将温度调到 20℃，这些行为背后的目的就是"打开空调并调到 20°C"，这可以被 VUI 一句话实现。用户在意的是系统和应用能不能帮助他们达成目的，操控 GUI 的控件和页面只是辅助用户完成他们目的的手段之一，同理 VUI 的剧本也一样。

2. 每种交互方式都能持续工作

在座舱中仪表盘和中控屏幕基本处于常亮状态，用户无须对其开启就能直接交互。但是对于 VUI 来说，如果每一次语音交互都需要唤醒语音识别能力，这会影响整个操作流程和用户体验。所以 VUI 和 GUI 融合的前提是系统 / 应用拥有全双工语音交互的能力，系统 / 应用能持续一段时间倾听用户所说的话。

3. 每种交互方式统一以 GUI 为参照对象

在车载系统中，无论是眼动操作、隔空手势操作、实体按钮还是 VUI，都应该以 GUI 为参照对象进行设计，因为视觉通道接收的信息占全部感官的 83%，如果以听觉为主的 VUI 为参照对象，该交互框架能输入和输出的信息量会直接锐减；其次，GUI 显示的内容可以维持静止状态，VUI 无法做到这一点；第三，GUI 中有着丰富成熟的控件和组件，可以跟各种交互方式进行绑定。

4. 每种交互方式相互配合，取长补短

VUI 的第一个短板是交互状态不明显，所以 VUI 的交互流程中建议配合 GUI 强化 VUI 的状态表示。VUI 的第二个短板是受限于工作记忆，所以语音播报的内容、句式和语法结构需要保持简单，内容播报尽可能控制在 10s 以内（中文和数字约为 40 字以内），包含的信息尽量在 3 项以内。那么，GUI 上的所有信息是否相应地只显示 3 项内容呢？答案是否定的，因为这些内容并不是短暂地显示在屏幕上，它们可以被眼睛来回地扫视和重新阅读，所以用户在交互过程中没必要记住全部

信息。笔者建议，对于选项过多的菜单或者列表，VUI 可以优先播报对用户来说重要的前三项，然后询问用户是否继续播报，与此同时，用户还可以通过触控的方式从 GUI 获取信息。

GUI 的短板很明显，它需要用户看着屏幕才能正常交互。在驾驶过程中，司机开车低头很容易发生事故，因为在 2s 的时间内一辆时速 100 千米的汽车就能开出 54 米的距离。因此在驾驶场景下，让用户不看界面也能和系统交互的 VUI 变得越来越重要。为了解决 GUI 的短板以及提升驾驶场景中用户和系统的交互安全，笔者认为 GUI 和 VUI 可以这样配合：

（1）VUI 可以操控 GUI 的界面和功能，尤其文本输入功能。

（2）GUI 显示的文本内容允许 VUI 播报相关内容。

（3）由 VUI 播报完整信息，GUI 通过排版显示重点信息。

（4）基于 VUI 的声纹识别能直接省略用户在 GUI 输入密码的交互步骤。

5. 以用户当前操作对象为目标发起交互流程

在多模交互中最重要也是最麻烦的是操作对象的切换，因为它有可能意味着任务和上下文发生变化。例如，在空调界面中，用户说"调到 25℃"，系统应该将空调温度调到 25℃，而不是将音量调到 25。在语音交互中主语或者宾语即是操作对象；触屏 GUI 中手指触碰的地方即是操作对象；视线追踪、隔空手势、方向盘按键显示的焦点即是操作对象，在设计过程中我们应该如何考虑操作对象切换的问题呢？操作对象不一定只是控件和组件，它可以是一个页面，甚至是一个任务流程。GUI 和 VUI 融合的关键是将 VUI 意图中的主语/宾语和 GUI 里的控件/组件/容器进行绑定，系统通过操作对象的对照就能知道 GUI 和 VUI 是否在操作同一个操作对象。以 GUI 为参照对象的好处是能让操作对象显性化，用户通过焦点的切换就知道自己的交互操作是否被系统正确识别，在多任务/多窗口里也能知道现在哪个任务/窗口被激活。

6. 明确告诉用户当前的交互流程到达哪里

每种交互方式都具备"选中目标""执行过程""结果反馈"三种属性。相信大家对 GUI 中各种控件的按下态、加载态都很熟悉，但是在无法感知的交互过程中，例如 VUI 执行过程中的聆听、识别和加载状态，没有数字刻度的旋转按钮，这些细节很容易被设计师忽略。"选中目标"能让用户和系统清晰知道当前操作的对象是谁;"执行过程"能让用户知道当前的交互进度到哪,避免用户产生焦虑;而"结果反馈"应该考虑"成功执行"和"无法执行"两种情况。"成功执行"很好理解,但"无法执行"会比较特别。GUI 的好处是每一个控件的状态都能被用户看到,用户每一步交互都是围绕控件、组件和容器进行的。它们能引导和限制用户的交互流程,例如一个滑动条,用户滑到最左就不会而且不允许继续滑动了。但是 VUI 做不到,因为用户看不到滑动条的上下限在哪里,而且他发出的指令不一定在系统支持的指令集中。所以"无法执行"应该包括"业务支持失败"和"听不懂(没法分类)"两种情况。如果缺乏了"业务支持失败"这个细节,VUI 只懂得跟用户说"不好意思我听不懂"或者"不好意思我无法执行",这样会引起用户的反感。

7. GUI 控件 / 组件应支持多种交互方式,如有差异建议增加说明

在多模交互下,不同类型的操作控件 / 组件应由不同的 VUI 意图和流程来支持,文本类型的控件支持语音播报能力。在自然的多模交互中,用户在不同场景下有可能通过不同的交互通道完成相同的任务,所以设计多模交互体验时应该做到完整的冗余设计。有些交互操作确实不太好实现冗余的设计,尤其是一些基于纯图标的按钮,或者全是复杂文字的链接,这时我们应该想办法在图标上增加文字,以及在链接前面增加数字,但如果因为各种因素无法修改设计方案,笔者建议通过其他方式告知用户暂时无法支持其他通道的交互操作,这样能有效避免用户觉得这是一个漏洞。

8. 由交互管理器统一管理多种交互方式之间的操作和状态,包括容错管理、意图 / 界面切换

由于多通道之间的信息输入 / 输出存在着不同效率、同步 / 异步以及兼容 / 互斥的差异,构建交互管理器有助于管理多模态交互之间的状态。简单理解的话,我们需要通过一个交互管理器来管理所有操作对象以及交互通道之间的关系,它的主要作用是监控不同操作对象以及交互通道产生操作数据时的先后顺序,然后将这些信息操作同步给所有交互通道,从而实现交互通道的管理。

6.3.5　GUI 和 VUI 融合时注意的细节

GUI 和 VUI 融合过程需要注意的细节较多，在此笔者介绍 5 个重点细节。

1. VUI 区域尽量不要遮挡到 GUI

每种交互方式相互配合的前提是互不干扰。在 GUI 和 VUI 融合时，VUI 不应该遮住 GUI 的重要区域，同时它可以在 GUI 任意界面中被唤醒，因此 VUI 的展示只能以浮层的形式展示，它只占用 GUI 边缘的一小部分区域，例如屏幕顶部的状态栏或者底部区域，而且展示 VUI 的同时用户能对主界面进行操作。具体设计可以参考图 6-6 中问界 M5 和图 6-7 中小鹏汽车 G9 的语音助手摆放位置。

图 6-6　问界 M5 语音助手摆放位置

图 6-7　小鹏汽车 G9 语音助手摆放位置

2. 控件组件的表达问题

在传统 GUI 中，我们可能很少关注文案的表达问题，但在 GUI 和 VUI 融合时控件的表达会直接影响用户是否能读出来，图 6-8 中的 5 类问题都应该尽量避免。在设计 GUI 文案时，要基于 VUI 的动宾结构设计关键内容。在设计控件文案时，笔者建议关键内容应该控制为 3～6 个字，过短有可能引起语音识别准确率低，过长降低了用户的朗读效率。同理，笔者建议组件文案中的关键内容尽量保持在 12 个字以内，避免中文、数字、英文、标点混合的情况发生。

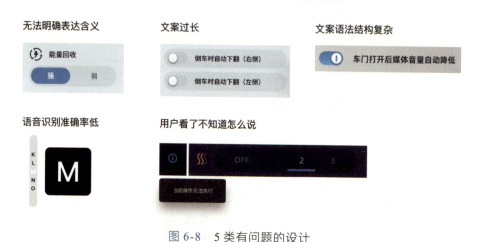

图 6-8　5 类有问题的设计

3. 控件加入 VUI 属性

上文提到每种交互方式统一以 GUI 为参照对象，因此控件应该支持 VUI 的各种属性，修改细节如下，同时笔者将着重介绍 {}、名字、执行范围、控件状态和当前状态，多模交互响应容错会在下一点提及。

{
　名字：控件或组件的 GUI 文案
　执行范围：只允许当前页面执行 / 允许其他页面执行
　控件状态：该控件或组件拥有的所有状态
　当前状态：
　区域内多模交互响应容错：当控件 / 组件互斥时交互事件以客户端最后一次操作的时间为准
　允许交互：
　　1. 跳转事件
　　2. 当前界面执行

　　　　GUI 响应事件：显示远程响应成功动画效果
　　　　成功执行 VUI 响应事件：绑定语音播报内容或者提示音
　　　　执行失败 VUI 响应事件：绑定语音播报内容或者提示音
　　不可交互：
　　　　GUI 响应事件：显示远程响应失败动画效果
}

　　{}：按钮可以由 Image、ImageButton 甚至是其他控件替代，只要它具备 onClick 属性，就可以是个按钮。对于 GUI 来说，规范各种控件、组件的实现方式是一件较难的事情，如果要强制在不同控件、组件上增加不同的属性，对开发者来说就更难了。但是对于 VUI 来说，GUI 到底长什么样 VUI 是不关心的，所以笔者建议在 VUI 和 GUI 融合时用 {} 的方式定义每一个最小的交互模块。

　　名字：上文提到如果只通过单个控件无法表达完整的信息，设计师应该考虑通过组件进行表达，例如单独的滑块（Slider）只能代表某个数值，需要和标签或者图标结合在一起才能让用户知道这个滑块的操作对象是什么。在 VUI 和 GUI 融合时，每一个独立可用的控件或者组件的属性列表里都需要有"name"这个属性，它会直接关系到用户和系统知不知道这个控件、组件或者指令叫什么。

　　执行范围：该控件/组件只允许当前页面执行代表了该语音指令是局部指令；允许其他页面执行代表了该语音指令是全局指令。从执行范围来看，跟控件/组件绑定的全局指令也是局部指令的其中一种，但是将它们在概念上做区分有利于设计师梳理哪些指令应该是全局响应的，哪些指令不应该全局响应。不应该全局响应的有上/下一页的翻页按钮、收藏、分享等和上下文强相关的功能，以及可以缩放的图片和地图控件等，这些都应该只允许当前页面执行。

　　控件状态和当前状态：开关有开和关两个状态，滑块有最小值、最大值、移动颗粒度以及当前数值，不同控件有着不同的状态和属性定义，在 {} 中提到的这些最小交互模块内部有可能是由不同控件和组件混合而成的，所以要将最小交互模块包含的状态和属性定义清楚，尤其是当前状态，因为当前状态是联系 GUI 和 VUI 的桥梁。

4. 容错管理

　　在控件属性中有一个属性是当控件/组件互斥时交互事件以客户端最后一次操作的时间为准。这句话怎么理解？多个模态之间的合作在时间上可以分为同步合作和异步合作。同步合作是指多个模态同时工作，例如接收信息时都会边看边听；异步合作是指多个模态在前后合作，输出信息一般属于异步合作，这时候要考虑合作的顺序。以一个开关为例：如果用户用语音指令打开一个开关，但因为网络的原因语音指令迟迟不下发，这时候用户点击了开关，请问开关会处于关闭状态吗？不会，因为语音指令迟迟没有响应，所以用户才会将开关打开，所以开关处于开启状态。如果这时语音指令下来了，请问开关需要回到关闭状态吗？不需要，因为用户的意图是打开开关，如果迟来的语音指令重新触发操作，会跟用户的意图产生冲突，所以同一个交互对象上进行多通道交互，要以客户端最后一次操作的时间为准，因为服务端下发指令的时间不能代表用户操作的时间。

5. 意图响应界面跳转及 VUI 如何播报

全局意图的 GUI 反馈有"跳到对应界面执行""停留在当前界面执行""在语音交互区域执行"三种方式，VUI 反馈有"TTS 播报"和"提示音"两种方式，组合方式可以根据需求进行搭配。以下是笔者的建议。

（1）哪些意图应该跳转到对应界面执行？
- 一个打开界面的意图。
- 该意图有后续关联的操作，包括剧本。
- 该意图背后的任务比当前任务重要，例如导航任务比当前音乐任务重要。

（2）哪些意图可以停留在当前界面执行？
- 该意图跟当前界面和任务相关。
- 该意图任务和结果简单，可以通过语音交互区或者 TTS 播报完成。

（3）哪些意图可以在语音交互区域执行？
- 该意图无其他界面承载，例如天气、问答内容。
- 该意图背后的任务弱于当前任务，且有后续操作，例如当前导航任务下发起了调节空调温度。

（4）哪些意图应该选择提示音或者简单的回复？
- 界面发生跳转时的反馈。
- 控件 / 组件的响应。

由于语音交互设计及 GUI 和 VUI 融合细节较多，在此笔者不做过多的介绍，对这些内容感兴趣的读者可查阅书籍《前瞻交互：从语音、手势设计到多模融合》。

6.4 智能座舱中多模交互发展存在的瓶颈

目前不同车企已经有较多的多模态技术投入到智能座舱中,例如语音交互、手势识别、人脸识别、姿态追踪等,但如眼动追踪、心率识别等技术因为精度不够暂未使用到智能座舱上。当缺乏了眼动追踪技术,AR-HUD 的内容与路面信息贴合会存在较大问题,从而使驾驶员在做决策时发生误判。尽管以上多模态技术已经投入使用,但精度会随着环境和不同驾驶员之间的个体差异发生改变,例如 2022 年一位小鹏汽车车主在使用 NGP 辅助驾驶功能时,因自己眼睛小,被系统判定为"开车睡觉",智驾分因此被扣掉了 4 分。

要大幅度实现技术精度的提升并不是一件容易的事情。以语音识别准确率为例,在 2015 年,中文语音识别准确率在实验室环境下已经达到 97%,但后续几年内并没有看到这一数字有明显的变化,那么几时可以达到 99.9% ?下面看两组数据:第一组数据是准确率从 85% 提升到 90%,失误率降低 1/3,可以认为这是渐进式变化,这意味着找对方法,进一步增长是很有可能实现的,例如语音和图像识别的准确率在 2012—2015 年都在以 2～3 倍的速度增长;第二组数据是准确率从 98% 提升到 99.9%,看起来前者的 5% 比后面的 1.9% 困难,其实后者失误率要降低到之前的 1/20,这并不是渐进式变化。当算法难以突破瓶颈,精度就不会有更高的提升。

当单个模态因精度问题导致结果不准确时,模态与模态之间融合则存在更大问题,尤其部分模态涉及环境和人为因素时。例如一位驾驶员正在"聚精会神"看着前方道路,而且方向盘旋转角度、道路偏移等参数都没有异常,那么我们可以判定这位驾驶员正在认真开车吗?答案是否定的,因为这位驾驶员可能正在发呆,此时已经处于分神状态。为什么出现这种情况?因为人在发呆时,他的眨眼、头动等动作并不会表现出分神和疲劳现象,系统无法感知到这名驾驶员是否在正常开车。因此通过模态融合实现的各种"黑科技"背后很有可能存在较多不确定性,读者在解决类似问题时一定要关注方案的客观性和准确性。

除了多模交互仍有大量技术问题需要攻克,在落地过程中还有一个最大的阻力,就是算力不足。尽管车企将更多的摄像头和传感器接入到座舱中,但是算法是否足够成为问题。在智能座舱中,除了多个屏幕、界面和动效渲染,以及各种常见应用占用算力,多模态使用到的技术,例如语音交互的声源定位、唤醒词识别、声音降噪、ASR（Automatic Speech Recognition，语音识别）离线指令识别、人脸识别、手势识别、DMS（Driver Monitor System，驾驶员监测系统）、AR-HUD 导航、地图导航等，同时运行在一颗车载芯片上并不容易。

有个细节需要读者注意，车载芯片要比当前手机芯片晚 2～3 代，高通 2018 年量产的第二代骁龙车载芯片 820A 是以 2015 年的高通骁龙芯片 820 为基础构建的；高通 2021 年发布的 SA8155P（简称 8155 芯片）和 2019 年的移动平台旗舰处理器骁龙 855+ 的参数几乎一致。8155 芯片 AI 算力约为 8TOPS（Tera Operations Per Second，每秒可进行一万亿次操作），但是要将上述技术实时运行仍存在算力瓶颈的问题。尽管在未来算力带来的瓶颈问题将逐渐减少，但不可否认的是未来一定会有更多新问题出现，例如辅助驾驶和自动驾驶更加成熟，AR-HUD、影音、游戏娱乐会对算力有更多的要求，此时预留给多模交互技术的算力剩下多少将是一个问题。

总的来说，多模交互的难点不仅在于各种计算机技术的研究，还有对人类行为的研究，更重要的是将这些行为及背后的意图正确地识别出来，因此多模交互是一项涉及心理学、人机工程、计算机等多个学科的系统工程。在各个技术尚未成熟前，多模交互如何提升智能座舱驾驶体验将是一个值得探索的课题。

第 7 章

驾驶自动化 HMI 设计

7.1 驾驶自动化 HMI 设计概述

7.1.1 不同等级的驾驶自动化

自汽车普及以来,驾驶自动化的探索已经有近半个世纪的历史,近年来随着传感器技术和智能化的发展,驾驶自动化技术取得巨大的进步,掀起了汽车行业新一轮变革。Google 于 2014 年发布一款不带方向盘、刹车和油门踏板的纯电动全自动驾驶原型车 Firefly,同年特斯拉开始在 Model S 上搭载半自动驾驶系统,打算通过私家车批量交付,获取大量真实驾驶数据优化迭代自动驾驶算法,以最终实现全无人驾驶。

为了更好地规范和引导自动驾驶汽车行业的发展,美国汽车工程师学会(Society of Automotive Engineers,SAE)在 2014 年制定了驾驶自动化分级标准 SAE J3016《标准道路机动车驾驶自动化系统分类与定义》,并于 2021 年与国际标准化组织(International Standards Organization,ISO)合作对此标准进行了更新,进一步澄清了相关概念和术语。SAE 按自动化程度的高低,将驾驶自动化分为六个层级,不同级别的驾驶自动化其车辆能力、对驾驶员的要求不同,驾驶员和车辆需要完成的操作和职责不同,见表 7-1。

表 7-1 SAE J3016-2021:不同驾驶自动化等级的定义概述

类型	等级	名称	定义描述	动态驾驶任务(DDT)		DDT 后备	设计运行范围(ODD)
				持续横纵向车辆运动控制	目标、事件的检测与响应(OEDR)		
驾驶员执行部分或全部 DDT							
	L0	无驾驶自动化	驾驶员执行全部 DDT,即使有主动安全系统进行强化	驾驶员	驾驶员	驾驶员	无

续表

类型	等级	名称	定义描述	动态驾驶任务（DDT）		DDT 后备	设计运行范围（ODD）
				持续横纵向车辆运动控制	目标、事件的检测与响应(OEDR)		
驾驶员支持	L1	驾驶辅助	由驾驶自动化系统持续执行特定 ODD 的 DDT 子任务：横向或纵向运动控制操作（但两者不同时），驾驶员完成其余 DDT	驾驶员和系统	驾驶员	驾驶员	有限制
	L2	部分驾驶自动化	由驾驶自动化系统持续执行特定 ODD 的 DDT 子任务：横向或纵向运动控制操作，驾驶员完成其余 ODER 子任务和监控驾驶自动化系统	系统	驾驶员	驾驶员	有限制
			系统（ADS）执行整个 DDT（当启用时）				
自动化驾驶	L3	有条件驾驶自动化	由 ADS 持续执行特定 ODD 的整个 DDT，DDT 后备用户能够接受 ADS 发出的干预请求，以及其他车辆系统中与 DDT 执行相关的系统故障，并将做出适当响应	系统	系统	后备就绪用户（应急支援中的驾驶员）	有限制
	L4	高度驾驶自动化	由 ADS 持续执行特定 ODD 的整个 DDT 及 DDT 后备，不期望用户干预	系统	系统	系统	有限制
	L5	完全驾驶自动化	由 ADS 持续无条件（即无具体 ODD）执行整个 DDT 及 DDT 后备，不期望用户干预	系统	系统	系统	无限制

L0 无驾驶自动化：无辅助驾驶能力，由驾驶员完成全部动态驾驶任务（Dynamic Driving Task，DDT），包括对目标和事件探测与响应（Object and Event Detection and Response，OEDR），以及持续的横纵向控制。驾驶过程中，驾驶员需要保持眼、手和脚协同以完成相应的驾驶操控动作。系统能提供一些警告和瞬时协助，但无法进行持续的横向或纵向控制，常见的功能包括防抱死制动（Auto Brake System，ABS）、电子助力转向（Electric Power Steering，EPS）、自动紧急制动（Automatic Emergency Braking）和车道偏移预警（Lane Departure Warning，LDW）等。

L1 驾驶员辅助：当自动化系统开启时，车辆能进行加减速或转向，但只能独立进行其中一项的控制，比如纵向的自适应巡航（Adaptive Cruise Control，ACC）或者横向的车道保持辅助（Lane Centering Control，LCC）。驾驶员能获取部分协助，可以在自动化系统启动的部分时间"脱脚"，但仍需要驾驶员持续执行 OEDR 任务，并在系统功能退出时快速接管以完成相应的驾驶任务。

L2 部分驾驶自动化：在 L1 的基础上，L2 级别的自动化系统可以组合完成制动、加速和转向等一系列动作，因此驾驶员可以解放手和脚，但需要在车辆执行驾驶任务时，保持对驾驶情况的监控，即用眼睛观察车辆和周围的环境，关注车辆当前的操作和进一步的行为，随时准备接管车辆。相应的功能包括：同时进行自适应巡航和车道保持，以实现自动跟车、启停和打灯变道；自动泊车搜索并自动泊入车位。

L3 有条件自动驾驶：这个级别的车辆能力和 L2 类似，可以实现限定区域内的自动驾驶，比如领航驾驶辅助和交通拥堵辅助。领航驾驶辅助，结合了导航路线规划、ACC、LCC 和自主变道，能实现在可用路段自动规划路线、变道超车、出入匝道等。这个过程中驾驶员可以偶尔"脱眼"，不用保持实时的监控，但当系统请求时，仍需要驾驶员能响应并接管车辆。这个级别的车辆一般会配备驾驶员监测（Driver Monitoring System，DMS）系统，以实时检查驾驶员的疲劳或分心状态。这个级别对人和车的要求都很高，目前真正实现成熟量产的车型不太多，包括小鹏的 NGP 和特斯拉的 NOA。

L4 高度驾驶自动化：这个级别的自动化系统开启后，驾驶员不再需要实时监控驾驶情况，车辆自己能完成所有的驾驶操作。遇到异常情况下，驾驶员可以不响应车辆的提示预警或接管，车辆会自行打开 DDT 后备驾驶系统完成后续的驾驶任务。驾驶员在车上只需完成系统的启动和停车后的接管。典型的产品形态包括特定区域内的无人出租车或无人巴士，以及停车场自主泊车（在停车场内，车辆自行前往目标车位并自动泊入车位）。

L5 完全自动驾驶：这个级别的自动化系统已经不再有设计运行范围（Operational Design Domain，ODD）的限制，车辆可以在所有条件下完成所有驾驶操作，不需要人的参与。也就是说，无论有没有驾驶员，车辆均可以自动完成驾驶任务。这是驾驶自动化的终极状态，由于驾驶场景高度复杂、边缘场景较多，要实现此状态还需要较长的时间。

2021 年 8 月 20 日，由工业和信息化部提出、全国汽车标准化技术委员会归口的 GB/T 40429-2021《汽车驾驶自动化分级》推荐性国家标准由国家市场监督管理总局、国家标准化管理委员会批准发布（国家标准公告 2021 年第 11 号文），于 2022 年 3 月 1 日起实施。和 SAE 分级标准相比，两者在整体分级思路和分级划分标准上大体一致，仅在某些方面存在一些区别。中国版分级标准针对 L0 级至 L2 级自动驾驶，规定 OEDR 由驾驶员及系统共同完成，见表 7-2。而在 SAE J3016 标准中，L0 级至 L2 级自动驾驶汽车的 OEDR 则全部由驾驶员完成。可以看出中国 GB/T 40429-2021 主要强调在低级别驾驶自动化中，辅助驾驶系统应该能增强对驾驶环境的感知。

表 7-2 GB/T 40429-2021：驾驶自动化等级与划分要素的关系

分级	名称	持续的车辆横向和纵向运动控制	目标、事件的探测与响应	动态驾驶任务后援	设计运行范围
0 级	应急辅助	驾驶员	驾驶员及系统	驾驶员	有限制
1 级	部分驾驶辅助	驾驶员和系统	驾驶员及系统	驾驶员	有限制
2 级	组合驾驶辅助	系统	驾驶员及系统	驾驶员	有限制
3 级	有条件自动驾驶	系统	系统	动态驾驶任务后援用户（执行接管后成为驾驶员）	有限制
4 级	高度自动驾驶	系统	系统	系统	有限制
5 级	完全自动驾驶	系统	系统	系统	无限制

7.1.2 驾驶自动化如何改变 HMI 设计

从 L0 到 L5，人车关系从传统的单向控制（驾驶员操纵控制汽车，汽车作为工具或辅助工具）逐步转变为人车合作（驾驶员和汽车共同完成驾驶任务，汽车是队友），最终回归到更加自然无感的人车共生。对应到人因学发展阶段，驾驶自动化的发展已经将座舱人因的研究从现代人因学带入智能人因学阶段。智能人因学阶段，人-机-环境的新特点必将带来 HMI 设计的改变。不同驾驶自动化能力的智能座舱，人车关系不同，驾驶员的生理和心理需求更加复杂，智能座舱 HMI 的设计侧重不同。

在 L2 及以下的辅助驾驶中，驾驶员首要关注的是驾驶任务相关信息，包括自车周围 360°视野范围的道路交通情况，车辆运转的状态（速度、异常等）和辅助驾驶系统的状态，其次才是座舱内环境舒适性、其他乘客的诉求和娱乐信息等。HMI 设计的核心是最大限度地减少驾驶员执行非驾驶相关任务（如调节灯光、车窗除雾、播放媒体等）对主驾驶任务的干扰，避免驾驶员分心。

在 L3 有条件自动驾驶中，驾驶员不再需要实时关注驾驶任务及相关信息，这在一定程度上降低驾驶员的认知负荷，但也会引入新的问题，包括车驾状态下驾驶员负荷不足导致的分心、对接管请求的正确响应，驾驶员对系统能力边界的正确理解，对新技术的信任，等等。HMI 设计时需要着重关注驾驶员对自动化系统的学习、理解和信任，系统的透明度和驾驶风格，驾驶员恰当的注意力保持，系统开启、调节和接管的高效操作，接管预警的时机和多模态设计，等等。

L4 以上的驾驶自动化主要应用于无人驾驶出行服务，这种场景下用户作为乘客，不再需要关注驾驶任务相关信息，设计时则应该更注重整个用车服务全触点的情感化体验、整个自动驾驶车辆与乘客、社会环境的车内外交互和多人共享空间的隐私问题。

不同驾驶自动化能力的智能座舱，座舱内用户需要完成的任务不同，"显示-控制"设备的布局和操作方式不同。在传统驾驶座舱，主要是驾驶员进行机械操作完成相应任务，为减少驾驶员的视线偏移，操控设备多采用硬件按钮或旋钮等，便于驾驶员形成肌肉记忆后盲操。随着驾驶自动化能力的提升，车辆能自主执行的操作变多，驾驶员可以有相对宽裕的操作时间，需要在舱内单独设置的硬件操控装置就越少。比如驾驶任务相关的灯光调节，如果车辆能根据环境光线自动开启关闭，并调节灯光亮度，就不再需要此硬件操控装置。智能座舱的外在表现之一是越来越大、越来越多的屏幕，尤其是中控触摸屏幕，这个屏幕可以集成大部分传统操作。

其中比较典型的是特斯拉，2016 年上市的 Model 3 就取消了仪表屏，以一块

15英寸触摸屏幕集合了仪表和中控的所有功能。2021年海外发布的Model S Plaid更是激进地采用了触摸屏滑动换挡，通过点击屏幕左侧的车辆标志，上下滑动车辆进行前进、后退的换挡，如图7-1所示。另外车辆还支持根据所处环境和场景自动切换挡位，比如当检测到前面是车库墙壁时，驾驶员踩刹车踏板自动切换"R"挡，当驾驶员解开安全带并且汽车停下时，自动进入"P"挡。虽然为避免屏幕系统故障有提供硬件操控（方向盘滚轮换挡）的后备方案，但这个思路依然是十分大胆的。特斯拉座舱功能的触摸屏化，虽然不乏降低成本的考量，但也是特斯拉突显其车辆的智能化、自动化能力的一个策略。

图7-1 特斯拉Model S Plaid触摸屏切换挡位

7.1.3 驾驶自动化HMI设计需要解决的难题

驾驶自动化是动态的、功能逻辑持续演进的技术驱动型产品。驾驶自动化技术尚在发展中，除了"完全自动驾驶"的理想状态和目标，并没有很确定的标准和清晰的路径，因此自动化的能力边界在不断变化，且不同厂商的使用逻辑也可能各有差异。

以自适应巡航（ACC）为例，这个L1级别的自动化能力最早是1995年日本三菱汽车在旗下车型使用，但当时该系统只能控制油门和挡位，无法控制刹车。2000年丰田雷克萨斯加入刹车功能，但当时自适应巡航的开启都有速度限制（一般车速达到每小时 30km 以上），2004 年增加额外的低速跟踪模式，可以跟车减速至停车，但需要驾驶员额外开启且由于设计漏洞很快停用。直到 2015 年，特斯拉 Model S 推出后，ACC 系统才是目前大众熟悉的逻辑，开启后可自动跟车巡航，以及停车启动。

驾驶自动化是一种驾驶增强或辅助，但并不能完全解决核心驾驶需求，如果缺乏对其的恰当信任，很难正确使用。在"完全自动驾驶"实现之前，自动化系统均无法完全替代人类驾驶员，从根本上满足"不再处理驾驶任务"的需求。这些特点导致 HMI 设计中需要解决以下难题。

1. 对自动化能力的正确认知

驾驶自动化能力边界抽象，逻辑规则学习成本高，很难被用户直观感知和记忆，只能在长期磨合中逐步掌握和理解。以小鹏汽车为例，除了 L1 级别的前碰撞预警、自动紧急制动等，行车域自动化能力包括 ACC（自适应巡航，主要是纵向速度控制）、LCC（可以在 ACC 的基础上，进行车道居中保持，且支持打转向灯变道）、NGP（在 ACC 和 LCC 的基础上自主按导航路线行驶并自主变道），这三者能力是递进的，可开启的范围和条件不同，且支持升降级。当 NGP 不可用时可以降级到 LCC，驾驶员不用立刻进行全部驾驶权的接管。对开启条件不了解就无法开始使用，对当前状态和能力边界不清楚，就无法进行正确恰当的操作。

2. 对系统的恰当信任

在正确认识的基础上，驾驶员还需要保持对自动化系统的恰当信任。一定程度的初始信任，是驾驶员愿意尝试使用的前提，初始信任的建立需要通过社会媒体合理普及自动化驾驶系统的能力和概念，也需要在使用前期进行有效的培训引导。而在尝试使用的信任磨合期，是驾驶负荷相对较重的环节，驾驶员既需要保持正确高效的操作，又需要密切注意车辆的驾驶状态和各种提示预警信息，我们需要考虑使用的各个环节，保证操作的可控性、系统的透明度，注意听觉视觉等多模态信息的融合反馈，保证整个过程的安全感、智能感，从而逐步积累用户对系统的信任感。随着熟练程度的增加，驾驶员会不断地尝试挑战系统的极限，容易产生过度信任，从而疏忽或者放弃监控车辆，在危险发生时可能来不及响应接管提示，而造成安全隐患。另外，不同驾驶员由于其性格、经验的差异，驾驶风格及偏好不同，如果车辆的驾驶策略（跟车距离、加减速偏好等）与用户差异过大，也可能导致用户对系统能力的怀疑。

3. 有效接管

需要高效处理驾驶权在人、车之间的切换,并保证驾驶安全:当系统可用时,驾驶员需要开启自动化系统,将驾驶权移交给车辆,过程中也可能对车辆驾驶进行一些调节和干预;车驾过程中,驾驶员需要保持对车辆驾驶状态的监控,根据自动化能力的高低关注不同的预警提示,并做出正确的反应;当判断自动化系统不可用或者接收到系统提醒时,驾驶员需要及时正确地接管驾驶,以保证驾驶安全。这些驾驶控制权转移的环节非常复杂,首先需要保证开启、调节、接管等控制操作的高效快捷,也需要对驾驶员状态进行主动监控,在驾驶员状态异常时通过一定的方式保证驾驶员注意力在环(in the loop),当系统由于能力不足或故障需要驾驶员接管时,还需要能在合适的时间发布预警,预警的方式和内容既需要让用户保持合适的唤醒度,又需要清晰、易理解,从而避免接管失败导致的交通事故。

4. 收益知觉不明显

现阶段,虽然驾驶自动化技术在私家车和网约车领域均有相对广泛的应用,但大多用户主要是秉着体验尝试的心态,对使用驾驶自动化带来的收益感知较弱:L2～L3级别的高级驾驶辅助系统尚不成熟、可用区域少且能力边界不清晰,尚需要驾驶员监督及接管,所以在车辆自动驾驶时,驾驶员很难真正放松,就像老司机坐在副驾驶位置上看新手开车,大部分情况下由于无法明确车辆意图而导致额外的认知负荷。L4级别的自动驾驶出行服务只能在特定区域运营,很难覆盖用户的全部出行场景,且一般只能在相对少且固定的上下车点使用,灵活性上也稍逊于网约车或出租车。

由于驾驶自动化技术的发展受多种因素的影响,短时间内这些问题可能会持续存在,但驾驶自动化是智能座舱区别于传统座舱的主要特征之一,相信随着技术的进一步发展和新一代用户使用习惯的培养,驾驶自动化将逐步成熟和普及,越来越多的设计实践和越来越充分的人因研究将带来更好的驾驶自动化使用体验。作为设计师,我们需要始终秉持"以用户为中心"的思想,全方面考虑人因要求,构建安全、高效、舒适的驾驶自动化体验。

7.2 如何构建对自动化系统的恰当信任

7.2.1 建立对系统的正确认知

人和车建立信任的过程，与人与人之间类似，既受人的初始经验影响，也取决于完成任务过程中的系统表现和最终结果。对系统的运行原理、机制和能力边界有一个相对客观清晰的认识，是信任并使用的开始。如果认知与实际不匹配，很容易导致信任不足或过度信任，如本书 2.3.1 节信任校准所提到的，不恰当的信任水平会影响驾驶安全，因此我们需要通过一系列方式构建用户对系统能力的全面认知，从而构建恰当水平的信任，并根据用户使用情况个性化校准信任。

首先，在购买前需要通过各种渠道合理普及概念，建立初步信任。厂商在对外宣传时要注意适度，使用恰当的自动驾驶术语和描述。一旦用户尝试时认为与宣传不符，或者听到报道的事故，对品牌及其自动化能力的信任会直线下降。在国外，特斯拉曾多次因自动驾驶技术的宣传被调查，虽然其官网有声明"需要驾驶员积极监督"，但对自动辅助驾驶（Autopilot）和完全自动驾驶（Full Self-Driving）功能的宣传还是有明显夸大和误导。美国加州参议院也已通过法案，禁止在智能驾驶的广告里包含"自动驾驶"等词汇。

其次，在尝试使用阶段，需要为用户提供直观易懂的学习培训。汽车是一个复杂的产品，驾驶自动化更是这个复杂产品中更为复杂抽象的部分，因此前期的学习培训很重要。但是大部分人并不喜欢看说明书，因此我们需要精心考虑培训的内容和方式：尽量按用户使用场景划分学习任务，传达核心要点；考虑图文、视频等互动式的学习方式，提高学习兴趣。另外，也可以考虑适当结合实车环境，模拟真实操作，让学习更沉浸易懂。比如小鹏汽车在开通高级别自动化功能（NGP、VPA）前需完成学习、考试，通过手机 App 中图文、视频结合，让用户直观了解开启、接管方式及能力边界，如图 7-2 所示。

最后，在驾驶员对车辆的能力和使用体验已有清晰的认知，信任水平会处于一个相对稳定成熟的状态。这个阶段我们还需要考虑基于用户的驾驶行为数据进行个性化校准，避免用户因为意外事故而信任回落，也防止用户因为过度信任而不再规范使用。在这方面，目前国内汽车厂商小鹏的安全体系较为完善，在 NGP 使用过程中，如果持续脱手且在三个层级的告警后驾驶员仍然没有接管，NGP 将自动退出，且在接下来的行程中不允许开启。除此之外当检测到用户使用行为不规范时，会像驾照一样扣分，当分值低于一定的程度，会给用户推荐相应的学习内容，如图 7-3 所示。

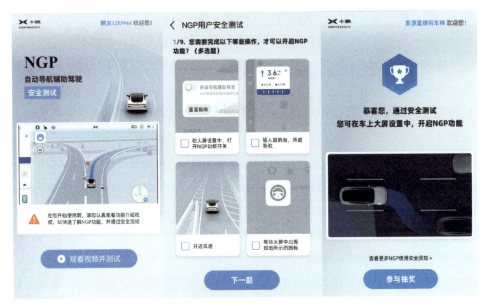

图 7-2　小鹏开启 NGP 的学习和考试

图 7-3　小鹏智驾分系统

除此之外，使用初期的 HMI 体验是构建人车信任的关键因素。如果在尝试过程中感受不好，用户很可能失去对系统的信任，从而放弃使用。因此我们需要根据驾驶自动化的特点和人因要求，通过设计构建良好的驾驶自动化体验，逐步建立恰当的信任，从而留住用户，并让用户愿意持续使用。

7.2.2　传递透明化感知——驾驶可视化界面设计

类比人际信任，当把一个重要任务交给一个还不太熟悉的人，一般肯定期望能及时了解任务的进度和状态，有风险及时报备和介入。人和人大体的文化背景和行为模式是类似的，我们通过面对面观察、交流就能了解彼此。但智能汽车（自动化系统）的运行逻辑对人而言是一个黑盒，除了有限的运动体感表现，驾驶员很难知道车在做什么、要做什么，这种状态下必然导致猜疑、紧张和不信任。因此驾驶自动化系统尤其需要一个可视化的载体，便于驾驶员直观快速了解驾驶情境，理解系统看到了什么、正在做什么、将要做什么。

驾驶可视化界面可以将车辆实时感知的信息构建成三维虚拟场景，以传递透明化感知。目前常见的驾驶可视化界面有以下两种类型。

（1）实时感知可视化，由车端传感器（摄像头、激光雷达等）及算法实时感知识别的元素构建的虚拟场景。场景范围和可识别的元素由传感器能力决定，一般包括车道线、他车、行人、锥筒等，感知能力越强，可识别的元素和状态越多，位置和距离越精确，画面越流畅。设计师需要根据技术能力事先定义好相应的模型，在车辆行驶过程中，根据传感器返回的数据坐标，在三维引擎中实时展示、构建成驾驶场景。此类场景一般的感知范围在自车百米左右，无法获取呈现远处的道路信息进行驾驶预判，一般还需要结合普通导航使用，但其适用范围广，只要传感器能开启的地方都能显示仿真场景。典型的产品包括特斯拉 AP、理想 L9 AD Max、小鹏的记忆泊车以及很多新势力汽车品牌的仪表 ADAS 仿真。如图 7-4 所示是特斯拉 FSD 和理想 L9 的实时感知可视化界面。

图 7-4 实时感知可视化界面：特斯拉 FSD 和理想 L9 的导航辅助驾驶

（2）高精地图可视化，即由地图厂商（高德、百度等）提前采集主要路网的车道级信息，包括路口、车道线、限速、红绿灯、周边环境建筑等，并利用这些数据搭建高精度道路场景仿真，汽车厂商使用时，融合车端的实时感知数据最终构建的驾驶仿真场景。这一类场景由于有提前预置的道路拓扑结构，能够预先观察和查看的范围更广,显示的场景也更真实精细,但由于采集成本和时间限制,并不能覆盖所有道路(如小区、乡村道路等),也不能有效保证地图的更新(如临时施工改道)。当前应用最成熟的是国内小鹏的 NGP,如图 7-5 所示是小鹏 P5 仪表和中控有高精地图路段的驾驶可视化界面。

图 7-5　小鹏 P5 仪表和中控有高精地图路段的可视化

图 7-6 展示了高精地图和车辆实时感知的信息差异,左边是高精地图采集数据,右边是车端传感器感知数据。两者的有机融合可以构建更全面、真实的驾驶场景可视化,但多感知信息的融合也面临一个问题:当高精地图和实时感知有冲突时,应该以哪个为准?这需要在算法工程师综合多种因素后给出不同场景的置信度策略,设计上也可以通过可视化界面及时传达不确定信息和状态,邀请人来判断决策。

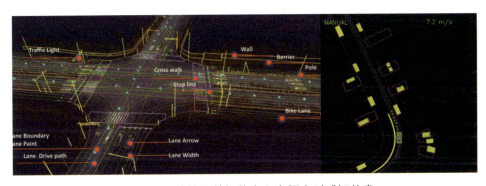

图 7-6　高精地图数据信息和车辆实时感知信息

那么，如何设计驾驶可视化界面呢？首先，我们来分析一下驾驶场景中需要传达的信息，如图7-7所示，从静态到动态的可视化传达层级可以归纳为：道路环境信息（道路拓扑结构、车道线、周边建筑楼块等）、实时感知信息（路面其他车辆、行人、障碍物等）、自车决策与规划（变道、加减速、停车等）、中长期的交通状态（信号灯、路况等）和随场景变化的观看视角。

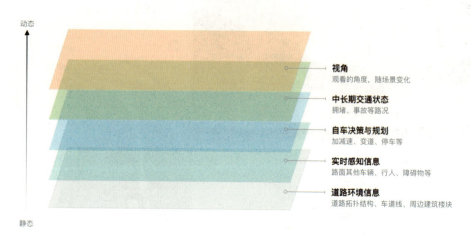

图 7-7　驾驶可视化界面的信息层级

以可视化的实时三维界面为载体，结合高精地图的道路环境数据和车载传感器感知的交通信息，可以呈现一个实时透明的驾驶情境，让人对自动化驾驶中车辆的行为可观察、意图可预测，观察的视角更贴近心理预期。

1. 驾驶环境可观察：基于真实提升识别效率

一般来说，可视化界面展示的真实度越高，用户对系统能力的信任度越高。大部分用户认为：系统看到的，与人眼观察到的真实世界越匹配，系统的感知能力就越强；如果有差异，则会排查是不是系统有问题，考虑进行干预接管。如图7-8所示，左边是小鹏视觉"看"到的停车场，只有车位等关键元素，这种状态的视觉辨识度不高，很难帮助用户建立与真实世界的联系；而右边是经过可视化设计的泊车场景界面，可以从上帝视角直观感知车辆与周边环境关系，了解空闲车位的相对位置等信息。

图 7-8　小鹏传感器直接感知的停车场和经过可视化设计的界面

那么，这些信息的呈现是不是越真实越好呢？AutoUI 论文研究了不同驾驶场景中人们对于各种元素的关注度，可以看出：人在驾驶时主要关注近处动态的行人、无法预测其行为的物体，选择性忽略非驾驶相关的环境因素[①]。因此在设计驾驶可视化界面时，需要根据信息层级和特性，明确要表达的重点。

驾驶任务的自动化处理过程一般包括感知、预测、规划及控制四个层级。驾驶可视化界面中，道路等虚拟元素构建表达了车辆与空间环境的关系属于感知层。系统感知的元素来源于真实世界，比如主车、道路环境、障碍物等，其可视化表达首先应遵循物理世界的规律，包括尺寸、大小和形状等，不能有悖于常识，且最好有一定的通用性。一些现实世界不存在的虚拟元素（如终点标识、感知探测状态环等）则相对限制较少，可以根据需要进行情感化、风格化表达。

另外还需要提高信息的识别效率。根据 Wickens 1998 人类信息处理模型，人类获取外界信息需要进行一系列的信息加工处理。对于照片影像般真实的可视化信息，还需要人的认知系统做进一步的处理，识别效率并不高，因此构建虚拟可视化界面时，需要在真实的基础上按照人的认知特性进行一些加工处理，基于真实，超越真实。主车是系统的化身，会贯穿多个驾驶场景，涉及诸多状态的表达，因此模型结构应尽可能精细（具备车门、车窗、车灯等结构），材质质感也需要尽量逼真；而其他车辆则会简化结构及材质。通过模型的粗细粒度对比，可以帮

---

① Wintersberger P, Nicklas H, Martlbauer T, et al. Explainable Automation: Personalized and Adaptive UIs to Foster Trust and Understanding of Driving Automation Systems. AutomotiveUI '20: 12th International Conference on Automotive User Interfaces and Interactive Vehicular Applications. 2020.

用户快速明确主次关系，不用费力即可完成信息处理和识别。

除此之外，也需要考虑系统的显示性能，目前虽然车载芯片和算力越来越高，但大部分车机系统的性能还无法达到一般手机的平均水平，实时感知构建场景对车机性能要求很高，可能会导致画面的卡顿、画面元素抖动等。这就要求在保证辨识度的基础上尽量减少非重要模型的复杂度和面数，减少环境反射和光影追踪，从而平衡真实度和综合观看体验。

2. 驾驶意图可预测：抽象意图的具象化

可观察主要是具象环境行为的透明，可预测则是抽象思维、能力的透明。这些抽象的信息包括：能力状态（是否开启、传感器状态）、车辆意图（减速停车、等待变道等）。这一部分的难点是，如何将抽象的意图具象化？

可观察是感知层具象环境行为的可视化，可预测则是预测和规划层的车辆意图透明。类比人类驾驶员的内部思维决策过程，即综合周边环境、车辆状态，预测可能发生的状况并选择合适的驾驶策略。这些抽象的信息包括：能力状态（是否开启、传感器状态）、车辆意图（减速停车、等待变道等）。对人而言，这个过程是一种抽象的内心活动，如果不进行有意识的审视，人自己也很难觉察，对其做可视化传达就显得更加困难。但是一旦忽视，就会影响用户的安全感和信任——用户不清楚车辆是否会有所动作，就会焦虑紧张甚至接管，比如，系统是否看到了前方的车辆？前方有切入车辆时是否会减速？前方车辆速度一直很慢系统是否会变道，什么时候变道？

因此我们需要通过驾驶场景梳理和实车驾驶体验，发现此类让用户紧张不安的场景，选择合理的方式在虚拟环境中传达。比如特斯拉的停止线，如图 7-9 左边所示，当遇到路口将要停车时，则显示一条停车线，告诉用户车将在哪停下来。如果没有这条线，当车辆减速的时机和幅度与人不匹配时，人就可能因为担心而中途接管。如图 7-9 右边所示，小鹏在虚拟环境中展示影响自车决策的他车状态，比如前方车辆的转向灯，以帮助用户更好地理解系统目前的意图和状态。

图 7-9 特斯拉车辆停止线和小鹏 P5 前车转向灯

3. 更贴近用户角色的视角

在车辆驾驶环境和意图可视化的基础上,我们还需要考虑用户的观看视角。在三维场景界面中,主要通过改变摄像机的参数和位置来调整所能展示的角度和信息。实际设计中需要综合考虑传感器的感知范围、业务场景需求(前后方可视距离)和画面的美观度,详细参数往往需要设计师、产品和三维工程师基于特定的三维引擎反复调试确定。这里介绍一下最基本的视角定义原则,保证当前场景展示的信息能满足用户的期望和诉求。

人驾或人机共驾状态下,人需要快速建立对驾驶情境的感知,为了帮用户快速建立空间和方位关系感知(即人因学中视觉显示的空间兼容性),一般采用跟随主车的巡航机位,而一段旅程中驾驶场景是不断变化的,不同的场景所需的周边环境、盲区信息不同,因此需要在常规机位之外,根据特定的因素合理地动态调整视角,以增强用户对特定场景的信息感知。如图 7-10 左边所示,蔚来辅助驾驶可视化展示在巡航中,一般会根据速度增高而逐渐拉远相机[①],以保证车辆前方有足够的预判距离。如图 7-10 右边所示,理想 L9 在车速为 0 的状态下会自动将视角切换为俯视,以减小透视关系造成的距离失真,帮助用户更好地观察车辆周围的他车情况。

L4 级自动驾驶状态下,用户角色为乘客,更注重行程路况信息,以及车辆行为变化的原因。如图 7-11 所示的 Waymo 乘客屏,与人机共驾状态相比,常规巡航状态相机位置相对较高且偏俯视;而特殊场景,如左转,相机高度保持不变,

---

① 蔚来 Aspen 3.0.0,全新用户界面及交互设计介绍.

但会向右侧偏移，以展示更多的右侧盲区信息，帮助用户更好地理解车辆的驾驶行为。

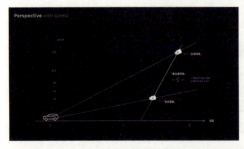 

图 7-10　蔚来随速度变化视角和理想 L9 停车切换为俯视

图 7-11　Google Waymo 乘客屏驾驶可视化界面的不同视角

7.2.3　构建自然有效沟通

要建立信任，除了过程状态透明，还需要在过程中就关键信息进行及时沟通，让双方都能理解决策的原因，并参与重要的决策过程。驾驶自动化系统中，人和车之间沟通的信息更为多样，除了常规的信息娱乐、车辆系统安全和行程路况，还包括驾驶员状态（脱手、脱眼等非监控状态）、自动化的系统状态（开启、调节、升降级、退出等）、与周边驾驶环境的互动（如与障碍物的距离）和车辆本身的行为（刹车、变道），等等。

我们需要时刻记住，智能座舱是一个有多种沟通媒介的空间，在具体设计中需要综合考虑座舱交互媒介和实际驾驶场景，选择最佳的信息展示和操作通道，尽量考虑符合人的认知习惯、语言和沟通方式，保证沟通过程的自然高效。不同模态的特点和设计原则在第 6 章有详细的描述，这里重点强调不同驾驶状态下人车沟通的设计差异。

人驾状态下，驾驶员需要执行驾驶操作，驾驶辅助系统可以发出指令引导人驾驶，比较典型的是人跟随导航地图系统的提示，进行相应的路线选择和特定位置的驾驶操作，比如变道、左右转弯等。这种状态下，驾驶员的视觉通道被占用，系统的沟通方式应尽量考虑语音通道。语音提醒需要注意提醒的时机和内容。以地图导航为例，如果提示时机过晚，驾驶员很容易错过驶出主路的路口，而不得不多绕一段路程。如果提示的内容不明确，用户反应理解的时间过长，也容易错过最佳的操作时机。

小鹏的自动泊车过程涉及典型的人驾和车驾状态切换，其要求驾驶员手动驾驶寻找可泊车位，找到并触发后，车辆会自动泊入此车位。这个过程有多个环节，小鹏对每一环节的动作、操作位置和操作方式，都进行了明确的界定，让用户不用思考就能自然跟随操作，从而体验起来非常流畅。如图 7-12 所示，人驾驶车找到可泊车位，会提醒"找到车位了，如需泊入请停车"；而选定车位后，需要触发从人驾到车驾的转变，则会提醒"请踩住刹车，在触摸屏点击'开始'"；当用户完成操作，且松开刹车，就会提醒"泊车开始，请注意周边环境安全"，若用户迟迟不松开刹车，则补充提醒"松开刹车我们就开始了"。

找到车位
找到车位，如需泊入请停车

操作提醒
请踩住刹车，在触摸屏点击"开始"

自动泊车提醒
泊车开始，请注意周边环境安全

图 7-12　小鹏自动泊车不同阶段的语音提醒

车驾状态下，需要根据场景紧急程度和驾驶员状态，适度分层展示，既保证有效，又不让人紧张厌烦。自动化驾驶状态下，如果发生系统故障或者超出了设计运行范围，比如前方有临时施工车辆或者高精地图数据丢失等，需要驾驶员立即响应并接管的，建议结合触觉、听觉和视觉界面进行综合提醒，以及时提醒用户，否则可能造成安全隐患。如图 7-13 所示，理想 L9 领航辅助驾驶状态下，当车速超过 ODD 达到 135km/h 以上，系统会立即提醒接管，并退出领航辅助驾驶状态，同时有持续提示音效。

图 7-13　理想 L9 车速超过 ODD 时的接管提醒

相较而言，驾驶员监控车辆驾驶中的脱手场景并非十分紧急。人在监控车辆驾驶的过程中，不同个性和使用经验的驾驶员表现不同：使用较少，或者比较谨慎保守的用户往往会比较紧张，全程都会保持密切的关注；而已经比较信任系统的用户则会相对松懈，可能会从事其他活动而脱离监控状态。根据第 2 章中提到的耶德定律，当驾驶员处于恰当的唤醒水平时，其完成任务的绩效才会比较好。如果一脱手就给予最高程度提醒显然是不科学的，很容易过度打扰造成精神压力。

7.2.4　提升系统的可控感

虽然驾驶自动化的终极目标是无人驾驶，但在人与自动化系统的交互中，人依然是核心，自动化系统是为人服务的，不能简单地把人排除在外。目前自动化系统的技术尚不成熟，就更需要人的参与和协同了。除了被动的状态展示和信息沟通，我们还需要提升系统的可控性，只要人愿意可以随时参与或接管驾驶任务。根据研究，人们越是有自信能很好地控制技术，就会产生越高的安全感。

首先，我们应提供提升控制感的功能和操作。对于驾驶自动化系统，开启是可控的第一步，在开启后，还应该提供合理的系统调节能力（比如 ACC 的最大限速和跟车距离），最后在不想继续使用时，可以快速退出。另外，对于自动化系统的驾驶风格、控制方式和驾驶中的提示方式等，在技术支撑的前提下，都应该提供差异化设置的入口，以保证使用自动化系统的个性化和自由度。

接下来，我们需考虑合理的操作方式。"合理"包括简单易学习、操作方便高效，同时又不易出错，即使出错了也尽量保证不带来太大的安全隐患。除了前置的功能设置，驾驶过程中自动化系统相关操作主要是开启、调节和接管，接管是个相对复杂的过程，笔者将在 7.3 节单独阐述。这里结合业界案例先介绍下开启和调节的设计要求和注意事项。

常见的自动化系统开启方式包括方向盘按键和拨杆，以导航辅助驾驶为例，蔚来的开启方式是手指按压方向盘左侧按键，特斯拉和小鹏均是向下连拨两次拨杆，如图 7-14 所示。拨杆和方向盘按键均集成在方向盘上，操作时均在驾驶员可及的范围内，熟练使用的情况下几乎无差别，只是稍微有些体验上的差异：拨杆在方向盘转动时容易出现误触，学习成本高，需要一段时间适应，但操作仪式感强；按键使用拇指容易触及、符合经验、操作舒适，对原有驾驶干扰度小，不过按键反馈较小，频繁操作的损耗也比较高。

满足工作条件时，按下方向盘左侧中间按钮

满足工作条件时，向下连续拨两次拨杆

图 7-14　导航辅助驾驶开启方式：蔚来 ET7 按键开启和小鹏 P7 拨杆开启

在驾驶自动化运行过程中，支持驾驶员实时调节的主要是巡航的最大限速和跟车距离，这两项操作的粒度相对较细，尤其是车速，调节范围可能从几十到几百不等。考虑到可触及范围和便利性，调节设备基本是集成在方向盘上，差异在于调节装置是按钮还是滚轮。特斯拉和理想的车速调节使用滚轮，缓慢滚一下加

1km/h，快速滚一下加 5km/h，但特斯拉支持点击屏幕上的车速图标，一键设置到当前道路限度，如图 7-15 左边所示。小鹏在导航辅助驾驶的情况下，最高限速会自动调整到道路限度，不过 ACC 状态下均需要手动调节，其采用方向盘按键，短按一下加 5km/h，长按以 1km/h 递增。特斯拉和小鹏均支持踩下加速踏板在一定范围内加速，但松开踏板后，车辆将返回到设定的速度。大疆车载加持的宝骏 KIWI，支持松开油门踏板后，自动设置为巡航最大限速，更为便利，如图 7-15 右边所示。

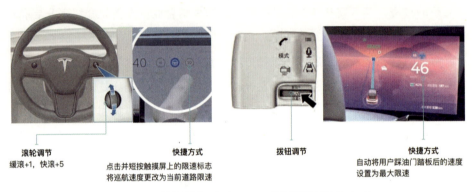

图 7-15 特斯拉与宝骏 KIWI 巡航限速调节方式

总的来看，驾驶自动化系统的开启和控制可用性越高，用户就越容易相信自己能轻松驾驭系统，使用时更有安全感和掌控感，对系统的信任度也就越高。在进行自动化系统的开启和调节设计时，我们需要注意以下几点。

（1）操作方式应防止意外激活和停用。

控制元件应放置在易于接近的位置，且避免双手同时离开方向盘。操作方式简单易理解，避免误操作。

（2）应持续展示系统状态和驾驶模式。

不同驾驶自动化等级对应着不同驾驶员职责，因此需持续向驾驶员传达系统状态，以保证其对系统状态有足够的意识。一般而言，HMI 中应该有一组可清晰区分的状态显示，包括可开启、已开启、当前不可用、调节后的结果、故障提醒、请求接管等。

（3）应有效沟通系统状态变化。

状态变化意味着驾驶员职责的变化，因此系统状态的变化沟通是 HMI 设计的重要关注点，包括开启成功或失败，以及当状态转变有明显延迟时应给出转换进度的有效反馈。由于处于一种人车控制权的过渡状态，建议使用多种模态融合传达。

（4）尽量自然地将人纳入驾驶环路（技术不成熟时）。

如果当前系统的自动化技术不成熟，尚需要人较多的注意力，建议考虑自然的操控方式（方向盘、油门踏板等），让人保持在驾驶环路。比如转向灯辅助变道，在车道居中辅助或导航辅助驾驶的基础上，可以支持人拨动转向灯拨杆，发起自动变道。

7.3 如何进行接管 HMI 设计

7.3.1 明确不同接管场景的差异

自动化系统的接管本质上是驾驶控制权在人车之间的切换，是驾驶自动化 HMI 设计中比较独特且复杂的部分。当人车都具备驾驶控制权时，很容易造成由于控制冗余造成的责任分散或者驾驶负荷加重。首先在管理学上，将一个关键任务分给两个人做是典型的管理失误，车驾状态下作为监督者的驾驶员，不一定保证在环（in the loop），很可能造成安全隐患。另外，如果驾驶员对自动化系统不熟悉，如 7.2 节所阐述的，尚未建立恰当的信任且人机交互设计不佳，很容易导致接管负荷过重，用比不用还累。驾驶控制权是否能高效平稳切换不仅影响驾驶安全，也对乘坐的舒适性有显著影响。

接管的存在主要是由于目前的自动驾驶技术只能在一定的设计运行域（Operational Design Domain，ODD）内运行，ODD 的边界条件就是驾驶控制权切换的触发条件。按照 SAE J3016 的定义，从 L1 到 L3 的驾驶自动化都可能涉及驾驶控制权的切换：L1 涉及动态驾驶任务（Dynamic Driving Task，DDT）中横向或纵向控制权的切换，L2 则涉及横向和纵向控制权的切换，而 L3 除了横纵向的控制，还需要进行目标和事件探测与响应（Object and Event Detection and Response，OEDR）任务的切换。

随着自动驾驶技术的发展，不同整车厂、主流技术供应商推出的技术方案不同，导致不同自动驾驶系统的 ODD 差异较大，需要驾驶员或系统进行接管的场景千差万别。在进行接管 HMI 设计时，首先需要了解不同接管场景的差异，进行场景化针对性设计。根据驾驶权转换的发起者和最后归属权的差异，可以将驾驶权转换的场景划分为以下几种[1]，见表 7-3。

---

① 全国汽车标准化技术委员会-智能网联汽车分技术委员会，自动驾驶系统接管及人机交互功能标准化需求研究项目报告，2020，10.

表 7-3 驾驶权切换的场景划分

转换发起者	驾驶权归属		名称	过程
	发起前	发起后		
驾驶员	驾驶员	系统	开启	驾驶员开启系统，将部分或全部控制权移交给系统
	系统	驾驶员	干预	驾驶员主动干预，通过横纵向操作装置，系统通过干预程度，释放全部或部分驾驶控制权
系统	系统	驾驶员	接管	系统意识到能力即将不满足，系统发出介入请求，驾驶员通过横纵向操作装置，重新获取驾驶权
	系统	后备驾驶系统	最小风险策略	系统能力不足，发出介入请求后，驾驶员未响应接管，将驾驶权移交给后援驾驶系统，执行最小风险策略

- **开启**：驾驶员激活驾驶自动化系统，将车辆的部分或全部控制权移交给系统。这一部分的 HMI 设计在 7.2 节有详细介绍，这里不再赘述。

- **干预**：驾驶员主动发起的干预，接管取回部分或全部的驾驶控制权，这种场景下驾驶员一般在环（in the loop）且准备充分，提供自然高效的干预方式和清晰的系统状态反馈即可满足基本诉求。但需要注意的是，目前不同厂商对人机共驾的策略制定有差异：有些倾向将人车驾驶权清晰区分，一旦发现系统无法胜任即请求驾驶员接管，驾驶员接管后，除非再次主动开启，自动化系统不再自动恢复；有些则侧重将人纳入驾驶自动化系统的进程，适度范围的干预不会完全退出系统的自动驾驶状态，且驾驶员接管后若再次符合 ODD 可自动恢复自动驾驶。设计时需要根据不同的策略差异进行针对性的提示和反馈。

- **接管**：系统意识到即将不满足 ODD，请求将驾驶权移交给驾驶员。对于 L1 和 L2 级别的自动化系统，驾驶员依然是 OEDR 任务的主要负责者，驾驶员不在环（out of the loop）的情况较少，接管时提供必要的提示告警信息以及相应的系统状态反馈即可。L3 级别自动化系统的接管比较复杂，自动化系统开启后，驾驶员不再需要保留任何驾驶控制权，只有当系统意识到 ODD 不满足时，再请求移交控制权。这个过程中除了监测系统运行状态、提供工作状态和操作提示，还需要对驾驶员状态进行实时监测，当检测到驾驶员不在环时，需要进行适度的提醒。

- **最小风险策略**：SAE J3016 和 GB/T 40429-2021 均规定，L3 级的驾驶系统化需要考虑 DDT 后备，即当超过 ODD 范围时，且驾驶员接管失败时，系统将驾驶权移交给后备驾驶系统处理，执行最小风险策略，以最大限度地保证自车和其他道路参与者的安全。这种场景下，需要考虑后备驾驶系统启动的合理阈值，在不同道路场景下的系统驾驶策略，与车外道路参与者的交互、远程车辆控制功能，等等。

本节将着重探讨系统发起的需驾驶员介入的被动接管（简称"被动接管"），以及驾驶员主动发起的对自动化系统的主动干预（简称"主动干预"），其中最小风险策略作为被动接管失败的后备计划，合并在被动接管场景里进行设计。

7.3.2 被动接管：更安全的驾驶权切换

为了更好理解被动接管场景，笔者绘制了该场景的时序图，如图 7-16 所示，当 ODD 超限、系统失效或者 DMS 检测驾驶员不在闭环时发出接管请求后的两种路径：一是用户在收到接管请求后顺利完成驾驶权切换和接管操作，并在系统极限前完成接管进入稳定手动驾驶状态；二是用户在系统极限前尚未完成接管，系统自动执行最小风险策略。

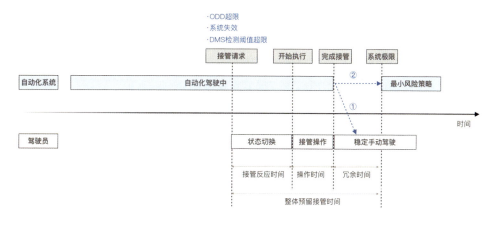

图 7-16 被动接管时序图

从图 7-16 可以看出，被动接管的过程对驾驶员的认知挑战极大。当长时间处于系统自动化驾驶中，驾驶员更容易分心去从事一些非驾驶任务，从而导致情境意识和唤醒水平降低。而且自动化系统的 ODD 能力边界比较复杂抽象，驾驶员无法提前准确预知何时需要接管，只能被动地接受系统的通知并执行。如果接管请求前置时间过短，驾驶员可能无法准确理解当前情境，并在一定时间内做出正确的响应和操作，可能会造成安全隐患；不合理的提醒方式还可能增加驾驶员的负荷，影响驾驶体验。因此被动接管的设计核心是保障驾驶权切换的安全、高效和舒适。

1. 尽量提前建立接管预期

自动化系统无法继续运行需要接管的原因很多，包括：ODD 超限，主要指系统设定的满足功能运行的外部环境条件，包括道路、交通、天气、光照等；系统失效，主要指自动化功能相关的系统失效（比如传感器故障、制动钳故障、GPS 信号丢失等），导致自动化系统无法可靠执行动态驾驶任务；DMS 检测出驾驶员状态异常，比如驾驶员疲劳、视野偏移或脱手，等等。设计时需要根据不同的接管原因，尽可能提前一定时间发出介入预警，以保证驾驶员有足够的预期和准备来完成接管。

那么提前多久提醒最合适呢？学术界对此问题有很多研究和实验。如图 7-16 所示，一般把接管过程中，驾驶员重新获取驾驶情境完成角色状态切换的时间叫接管反应时间，接管反应时间加上操作时间，就是接管时间。一般来说，预警时间或接管预留时间（发出接管请求到系统极限的这段时间）大于驾驶员接管时间，就能保证比较好的安全性，接管时间越短，表明接管的绩效越好。大部分研究表明，当预警时间为 8s 时，驾驶员能获得更高水平的驾驶情境意识，接管行为更安全、舒适，碰撞风险也较低 [1][2]。

除了合适的预警时间，还可以根据结合距离进行接管提醒，这在当前比较高阶的高速导航辅助驾驶中应用较多，借助高精地图和导航数据，系统可以清晰区分可开启的导航驾驶辅助的路段，并在快要离开此路段前进行接管提醒。如图 7-17 所示，小鹏 P7 NGP 开启状态，即将驶出高精地图可用路段，提前 1000 米即开始提示 "1 千米后将退出 NGP"，后续在退出前的 500 米、200 米、150 米、100 米均会由小 P（语音助手）提醒驾驶员注意接管，最后在退出时，仪表盘和中控屏

---

[1] 马舒，章薇，史金磊，等. 基于认知机制的有条件自动驾驶接管中的人因问题 [J]. 心理科学进展，2020, 28（1）: 150-160.
[2] Du N A, Pulver E, Robert L P, et al. Evaluating Effects of Cognitive Load, Takeover Request Lead Time, and Traffic Density on Drivers' Takeover Performance in Conditionally Automated Driving. 12th International Conference on Automotive User Interfaces and Interactive Vehicular Applications. 2020.

都会出现红色图形和全屏闪烁，同时也有急促的提醒音和安全带收紧提醒驾驶员接管。

图 7-17 小鹏 P7 NGP 距离超限退出提醒

2. 保证预警信息传达的效度

预警信息的传达方式、位置和可理解性也会影响接管反应时间和整体的接管绩效。虽然可以提前发布预警提醒，但预留给驾驶员的重新获取情境意识的时间依然非常短，如果预警信息的设计不合理，可能会导致驾驶员无法获取恰当的唤醒水平，要么没有察觉要么过于惊吓，过高或过低的唤醒水平都不利于驾驶员在短时间内准确恢复驾驶情境，做出正确的操作。

与驾驶任务占用同一通道的信息会引起注意力资源的竞争，应尽量采用当前驾驶情境下未被占用的通道资源。而且不同通道信息之间的优势互补能进一步提升接管请求的有效性。已有多项研究证实，多模态接管请求（Multimodal Takeover Request），即将两种及两种以上的通道组合预警，能在单位时间内传达更多的信息，预警有效性优于单一通道。听觉资源不需要占用驾驶员的视觉通道，从而减少了与驾驶任务的视觉资源竞争，但听觉预警易被环境干扰且不可持续，往往也需要可视化界面的视觉补充。另外常见的非驾驶任务对人们的视觉和听觉通道都有一定的占用，恰当的触觉方式（如方向盘振动或安全带收缩等）能快速吸引驾驶员的注意，视听通道的辅助也能帮助用户更具象地理解触觉信息。如图 7-17 中小鹏 NGP 的退出提醒，在抵达"交接点"时，系统会通过听觉（警示音和语音）、视觉（仪表和中控屏幕的弹窗和闪烁的红色）和触觉（安全带收紧）多种方式进行提示，确保用户能够及时接管车辆。

除了传达方式的考量，还需要考虑预警信息的位置和可读性。对于视觉预警信息，需要将其放置在驾驶员预期的视线范围内。虽然高级别自动化系统不要求驾驶员持续注意道路环境，但一旦要求恢复驾驶任务，驾驶员还是会自然地看向驾驶任务所需的视线范围，因此重要信息应放置在驾驶员正常视野范围内。座舱内常见显示媒介中，HUD 视线偏移较小，能帮助用户快速了解驾驶模式的变化和当前驾驶情境，仪表屏和中控屏视线均有向下的偏移，仪表的定位一般就是驾驶相关任务信息展示，相对比较自然。中控除了向下还会有向右的偏移。考虑到驾驶员在使用 L3 级别的自动驾驶时，可能会从事非驾驶任务，因此最好在非驾驶相关的显示屏上也展示重要信息的提醒。在多个屏幕上展示同一个信息，需要考虑信息的一致性，以及根据不同屏幕的特点考虑差异性，比如 HUD 和仪表展示区域相对较小，不适合太长的文本或者相对丰富的图像，而中控屏幕一般较大且清晰，可以有相对详尽的文字和图像展示，如图 7-18 所示。

图 7-18　小鹏 P5 城市 NGP 仪表和中控预警提醒的差异

3. 对于 DMS 监测发起的接管，应考虑监测方式的自然准确，以及提醒方式的分层提醒策略

驾驶员状态监测（Driver Monitoring System，DMS）是驾驶自动化系统的组成部分之一，需要驾驶员处于在环状态，以更好地处理系统的接管请求的自动化系统，最好搭载 DMS 系统提前识别驾驶中的非正常状态。非正常状态包括疲劳、分心和极端异常状态，当异常超过一定的阈值时，实时进行预警提醒和视频上传。目前 DMS 系统在国内乘用车市场仍处于早期阶段，目前主流的 DMS 方式包括：基于红外摄像头眼面部监测，通过驾驶员面部特征将眼睛睁闭程度、嘴巴张合程度进行量化指标的分级，进行驾驶员疲劳与分神驾驶的判断；方向盘传感器脱手检测，通过扭矩或电容式传感器进行驾驶员脱手量化分级。

DMS监测方式的选用，应该尽可能自然无感，复杂的设备和额外的操作会影响驾驶活动。目前常见的脱手检测有扭力传感器和电容传感器两种。当扭力传感器检测到脱手时，需要驾驶员轻微晃动方向盘以告知系统恢复手握方向盘，从而消除预警，但在驾驶过程中转动方向盘是有心理负担的，用户会担心车辆偏离车道影响驾驶安全。而电容方向盘通过触摸检测是否脱手，当收到脱手预警时，只要自然地将手轻轻搭上去即可识别用户已恢复，更加无感自然。

对于驾驶员状态的判定应尽量准确，让用户感知到智能而不是打扰。脱手时间比较容易量化，但脱手不一定代表注意力分散，可以考虑多种检测方式的综合，如图7-19所示是凯迪拉克Super Cruise的DMS监控设备，其采用"方向盘感应（电容）+摄像头"双重监控，只要车内摄像头监控认为驾驶员此时正目视前方，处于专注驾驶状态，即便驾驶员与方向盘长时间脱手也是可以的，Super Cruise辅助驾驶依旧能正常工作。

图7-19　凯迪拉克Super Cruise的DMS监控设备

疲劳的判定和分级也是驾驶员状态检测中比较有挑战的部分，目前疲劳监测主要通过红外摄像头采集驾驶员面部信号（比如哈欠、点头、眼睛的开度或者眨眼频率等）结合算法模拟打分的方式进行判断。如图7-20所示是小鹏P5的红外摄像头位置和疲劳预警提示。2022年7月，一位汽车博主因眼睛比较小，被多家汽车厂商的DMS系统频繁判定为疲劳、分神或睡觉，无法正常使用辅助驾驶。摄像头的位置、驾驶员的眼睛大小等因素有可能影响结果的准确性，在设计时需要基于中国成年人的人体数据，并在此基础上提升算法的鲁棒性。

红外摄像头　　　　　　　　　　　　　　　　仪表屏疲劳提醒

图 7-20　小鹏 P5 DMS 设备位置及疲劳提醒

相对于系统故障或 ODD 超限导致的异常，DMS 检测驾驶员状态异常后发布的接管请求相对不那么紧急，可以预留较长的提前预警时间，而且考虑到驾驶状态识别不一定十分准确，DMS 预警最好分层逐步递进，如果是轻度异常可以等待驾驶员恢复，如果长时间不回应再执行最小风险策略。欧盟的转向装置法规《UN/ECE R79》建议将脱手检测提醒分为 3 个层级：超过 15s，界面提醒；超过 30s，界面加重提醒及播放语音；语音超过 30s 未处理，自动退出自动化系统。目前大部分厂商也遵循三个层级的做法，不过在脱手时间阈值的定义上稍有差异。

4. 最小风险策略兜底

最小风险策略是在驾驶自动化系统无法运行或者驾驶员接管失败时，系统所采取的尽可能降低安全风险的措施。不同级别的驾驶自动化所能实现的最小风险策略不同，只有横向或纵向能力的系统最多能做到当前车道内减速或停车，无法实现跨越车道的靠边停车。除了自动化系统的能力，还需要考虑对当前环境的识别和判断，设计时需要针对不同的失效场景、结合自动化系统的能力，"量身定制"最小风险策略的具体内容。

一般来说，对于可能造成不符合安全或法规要求的危险，应尽可能地打开危险提醒（如双闪灯、警告喇叭声），并在合理的区间段紧急停车。原则上停车应停在应急车道，但若此时车辆已经无法执行横向控制，则车辆应缓慢降速并在本车道停下。比如蔚来的高速领航驾驶辅助功能，在高速道路行驶时，如果驾驶员持续脱手触发第三级告警后，仍然未采取干预措施，系统就会开始执行最小风险策略：系统会继续执行车道保持，主动减速直至停止，座舱内有持续声音警报加仪表屏红色闪烁提示，车外会自动打开双闪提醒其他车辆，同时蔚来的工作人员会电话确认是否需要协助救援。

7.3.3 主动干预：更自然的人机共驾

驾驶员主动干预，意味着驾驶自动化系统尚在可用状态，驾驶员可以按照自己的意愿和计划进行驾驶权的切换，这种状态下可以确保驾驶员在环，因此相对比较安全。但是由于自动化系统的操控能力有不同层级，主动干预也会面临诸多问题，比如驾驶员的意图如何判定，只是想部分协助，还是想完全接手？系统移交了哪一部分的操控权，当前系统的能力边界是什么，驾驶员能做什么？如何再次将驾驶权移交给自动化系统？

这些问题涉及干预方式的选择，干预导致的自动化能力降级、退出和恢复，以及不同能力等级的状态传达，目前并没有一个标准答案，不同厂商的驾驶自动化系统的能力不同，对人机共驾的理念不同，有些更侧重于人车控制权分离，致力于提高车辆完全自动驾驶能力，尽量不需要人的参与，有些则始终把人纳入驾驶循环，结合人车各自的优点更好地协同驾驶。不过归根到底，要保证良好的主动干预体验，需要考虑以下三个方面。

1. 符合预期的干预方式

目前量产的乘用车相对成熟的功能大多会支持一定程度的人机共驾。自适应巡航（ACC）的状态下驾驶员踩下油门踏板，系统会暂时挂起而非退出，支持驾驶员操作的加速，一旦驾驶员停止加速，车辆系统会继续执行 ACC。搭载大疆车载的宝骏 KIWI，还支持在驾驶员停止加速后，自动将 ACC 最大限速调整至驾驶员加速的最后速度，显得更加智能。

对于可能存在大量的轻微干预车道保持能力 LCC，不同厂商的策略有些差异：有些比较尊重驾驶员的操作，驾驶员干预后除非再次主动开启，系统不再主动恢复；有些则与 ACC 类似，在驾驶员干预时挂起，当人停止操作且环境再次合适（车道线清晰）时，能重新恢复至 LCC。

如果系统能长时间稳定运行，驾驶员在需要的时候进行部分方式的干预是可行的。在有清晰退出路径的情况下，可以适当考虑对人车协同驾驶的兼容性，以满足驾驶员更多的操作意图。如果 ACC 状态下驾驶员一踩油门就立即退出，就无法兼容驾驶员只是偶尔加速的诉求。当然干预的方式应尽可能符合驾驶员的自然操作，在巡航时踩加速踏板往往意味着前方相对安全，不退出也比较自然，而踩刹车往往意味着突发情况，这种情况就需要立即退出系统驾驶状态。

2. 构建清晰易懂的升降级规则

相对独立（横向或纵向）的自动化功能的干预状态往往比较简单，而高阶的自动化功能往往涉及多项控制能力的综合。比如高阶的领航辅助驾驶，综合了 ACC、LCC 等多项能力，驾驶员干预的方式不同，系统释放的控制权也不一样。比如小鹏，在 NGP 状态下，如果高精地图缺失系统会自动退出至 LCC，驾驶员手动转动方向盘只会退出至 ACC，但如果驾驶员踩刹车、向上推拨杆或按方向盘辅助驾驶按钮则会完全退出至人工驾驶状态。

如果不对升降级规则进行清晰界定，在驾驶过程中用户可能会因为车辆不符合预期的行为而困惑。比如在小鹏 NGP 运行状态下，驾驶员转动方向盘干预实际只会退出至 ACC，而其他手动干预方式则会完全退出至人工驾驶，就很容易造成驾驶员的理解偏差，即本来以为会全量退出自动化能力，但实际还保留着 ACC 能力并继续执行在当前车道的加减速操作，往往会造成"怎么退出了自动驾驶车辆还在加速"的困惑。

3. 清晰传达系统模式变化

不同驾驶自动化模式下，驾驶员的职责和操作权限不同，为保证驾驶员足够的模式意识，HMI 应清晰地传达自动化系统当前的模式及可进行的操作，以及不同模式之间的切换。这就要求设计时要先梳理驾驶自动化系统的模式状态，考虑不同状态下的可视化呈现方式，以及状态切换时的沟通方式。

目前大部分厂商均采用 2 个图标组合驾驶可视化元素的方式，分别表示横向和纵向能力，当灰色图标展示时代表系统能力可开启，开启后图标高亮。以理想 ONE 2021 款为例（如图 7-21 所示），当 ACC、LKA 可开启时，仪表屏上出现相应的灰色图标；具体功能开启以后，相应图标展示为蓝色，ACC 展示设置的最高限速，LKA 还会在驾驶可视化区域展示两条蓝色的车道线，以传达车道居中保持；NOA 开启后，LKA 图标上叠加展示 NOA，同时两条蓝色的车道线合并为车辆前方一条较粗的蓝色规划线，表明车辆会按此规划线引导自主驾驶。

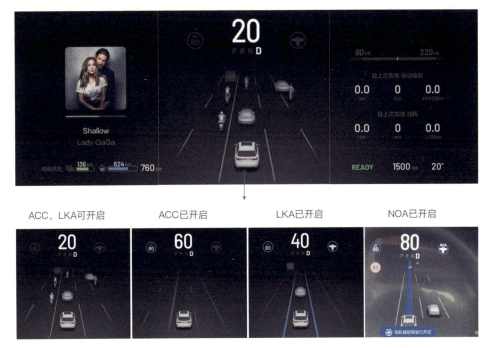

图 7-21 理想 ONE 2021 款仪表屏 ACC、LKA、NOA 开启状态变化

以上设计对不同系统状态下自动化能力是否开启、开启后以及相应参数进行相对清晰的表达，但 ACC、LKC、NOA 这些能力的使用边界对于新手用户而言还是有一定学习成本的，用户还是需要通过一定的探索去理解。考虑到驾驶状态的通道占用情况，配合视觉，也应该考虑音效和语音信息播报，尽量提高信息的传达效度。当然随着用户对系统规则的逐渐清晰，也可以通过设置的方式简化提醒避免打扰。

7.4　L4 级自动驾驶的 HMI 设计

7.4.1　L4 级自动驾驶的产品形态

前面两节着重介绍了私家乘用车辆驾驶自动化 HMI 的设计，由于私家车的活动范围比较广，面临的驾驶场景更为复杂，虽然已有部分品牌的车辆能实现在特定路段的自动驾驶，但截至 2022 年 12 月，还没有厂商宣布实现了严格意义上的 L3 驾驶自动化，即不要求驾驶员保持对车辆的实时监控，大多仍然在 L2～L3。完全无人自动驾驶的实现并不是一蹴而就的，需要长期的积累和探索，行业内除了私家车出行场景，还在进行其他出行场景的自动驾驶产品探索，目前在相对封闭的区域，已经能实现 L4 级别的自动驾驶，比较成熟的领域包括以下三个，如图 7-22 所示。

- 无人驾驶出租车（Robotaxi）：运营方在限定区域内投放无人驾驶出租车，用户可以通过手机 App 预约，由自动驾驶车辆将用户送往其预定的目的地。其服务模式和产品使用流程与现有的网约车类似，不同的是目前自动驾驶车辆只能在限定区域内运营（特定地理范围内是公众道路环境），只能选择固定的站点，无法像网约车的地点那么灵活。其典型的产品国外有谷歌的 Waymo，国内有百度的"萝卜快跑"，截至 2022 年 7 月 20 日，"萝卜快跑"已经在全国十多个城市落地运营，累计订单量达到 100 万。

- 无人驾驶巴士（Robobus）：固定园区的无人驾驶大巴车或小巴车，与无人驾驶出租车类似，也是提供站点到站点的接驳服务。与无人驾驶出租车不同的是，无人驾驶巴士的定位类似于公共交通出行，所能搭载的人数也更多。而且无人驾驶巴士一般是园区定制运营车辆，运行的范围更加封闭，与真实的道路驾驶场景有一定的差异。

- 特定行业专用车辆：如果不考虑现实驾驶场景的诸多限制，不考虑与周边环境的交互，封闭区域内的驾驶自动化技术已经相对成熟，而且能极大地将人从恶劣环境和重复工作中解放出来，比如在矿山的自动作业的无人卡车、物流行业的自动驾驶卡车、驾校的自动驾驶教练车，还有市政交通的道路清扫车等。

无人驾驶出租车　　　　无人驾驶巴士　　　　特定行业专用车辆

图 7-22　L4 级自动驾驶的应用产品

不同使用场景下，产品的定位和侧重不同，HMI 的设计自然也有差异，比如无人驾驶巴士的 HMI 设计更多考虑公共空间车辆的行驶进度以及不同站点信息的播报，而自动矿卡可能不需要与人有过多的交互。上述 L4 级自动驾驶产品形态中，无人驾驶出租车被大众接触和了解的可能性较大，也是相对接近真实驾驶场景的产品，笔者也将以无人驾驶出租车为代表，梳理 L4 级别自动驾驶的设计要点。

7.4.2　L4 级自动驾驶 HMI 的设计要点

无人驾驶出租车所代表的无人驾驶出行服务是完全自动驾驶实现后，整个社会最具可能的出行形态——大部分群众不再需要拥有自己的私家汽车，需要出行时通过网络呼叫一辆无人驾驶车辆，到达目的地后也不需要考虑停车，车辆会自动驾驶返回调度中心或者去接其他乘客。虽然目前离完全自动驾驶的实现还比较远——起点和终点有限，在达到一定测试标准之前车上还必须配备安全员——但其运营逻辑和设计目标是一致的，都是为了构建全民无人化智能出行的未来。

无人驾驶出行服务涉及多个角色的服务体系。作为乘客的用户，不需要从事驾驶任务，行前只需要在手机 App 上发起用车订单，等待调度平台为其指派车辆；车辆到达后，用户完成人车互认后上车，车辆自动前往目的地，车辆行驶过程中用户可以通过乘客端屏幕或手机 App 实时了解车辆行驶轨迹和行程情况；完成行程后用户离车进行服务评价，车辆自行驶离去接其他出行订单。L4 级自动驾驶，已经具备不需要人类监管的能力，服务的提供商也会从多个层面保障乘客的出行安全。HMI 的设计重点是贴合场景流程、多终端统一融合，构建"行前—行中—行后"全流程无人化运营的无缝衔接体验。

常规的出租车或网约车，乘客和驾驶员之间有一种人与人之间天然的信任。而在无人驾驶出行旅程中，乘客只能与自动驾驶车辆或系统交流，因此在进行自动驾驶车辆 HMI 设计时，我们需要将整个车辆作为一个沟通对象，通过车内外全方位 HMI 设计，构建新型的人车互动关系。无人驾驶出行服务中，乘客与自动驾驶车辆的交互载体包括手机 App、车外（包括车外屏幕、LED 灯带、光线投影和声音、智能表面等）、车内（如乘客屏）等多个设备。

手机 App 主要用于乘客叫车，其使用逻辑与一般网约车类似，如图 7-23 所示分别是萝卜快跑、小马智行和 Waymo 的预约打车 App 界面，可以看出由于手机端体验设计趋近于成熟，各家的设计差异不大。用户约车后，车辆在可视范围之外，乘客会关注约到的车型车牌号、车辆现在的位置，以及预计到达时间，这些信息应该着重展示，除此之外，还可以考虑加入行前教育引导，增进用户对整个旅程的理解。

萝卜快跑　　　　　　　小马智行　　　　　　　Waymo

图 7-23　萝卜快跑、小马智行和 Waymo 的预约打车 App 界面

车辆进入可视范围内，就需要考虑车外交互了，刚进入可视范围，还未识别乘客身份时，主要考虑车辆的外观造型和运营状态是否能让乘客快速识别，可以通过车顶屏幕或车身的光带传达自动驾驶的状态和品牌信息；到了近距离接触的阶段，则需要考虑特定的乘客识别方式，提升人车互认的效率。乘客身份验证的方式包括虹膜、人脸、掌纹等人体生物信息识别，以及手机尾号、扫码等，设计时可根据车辆外观造型和风格进行选择。识别乘客成功后，可通过汽车屏幕、灯光、投影等方式与乘客打招呼，以表示对乘客的欢迎，提升整个过程的趣味性和仪式感。如图 7-24 所示是 MINI 概念车 Vision Next 100 采用车侧的投影交互，支持投射出可交互的迎宾灯光。

图 7-24　MINI 概念车 Vision Next 100 可交互迎宾灯光

顺利上车之后，车辆在自动驾驶过程中也需要通过车外 HMI 设计，与周边的车辆、行人、基础设施等对象进行互动，以传达自动驾驶车辆的状态，提高道路参与者对车辆的信任度。自动驾驶过程中的状态包含三个层次：一是车辆正在做

什么（doing），包括系统开启、运行及故障等状态的区分，当前行驶动作（变道、转向、刹车等）；二是车辆即将做什么（will do），即自车行驶意图（即将掉头、转向提前变道等）和交互对象行动指引，比如让行人先走等；三是车辆做了什么（done），即对异常加减速等特殊动作的解释。

车外交互有很多种载体，笔者总结了业界常见交互载体的信息传达特点和应用，见表 7-4。一般来说，车灯由于有传统方式的认知积累，决定了外界对车辆的第一反应，屏幕表达比较明确，适合增强拓展信息的展示，而声音则适合用于预警，尤其是对行人的预警。设计过程中需要根据实际车型设备和传达的信息类型，选择合适的交互载体，最好可以展示多种交互载体的组合。

表 7-4 车外交互载体的特点和主要应用

交互载体	特点	主要应用
车灯	传统方式认知积累，对象反应速度快	车辆一般行驶动作；紧急动作的警示
灯带	辅助增强灯光效果，对象反应速度快、内容指示性差	灯光增强信息；方向性引导
屏幕	拓展灯光不能解释的信息，内容精准，内容受屏幕大小影响	常驻状态的显示；辅助解释车灯动作；行进动作的引导；原因、路况的解释
投影	拓展灯光、屏幕不能解释的信息，表意明确，但受环境光和视线方向影响	路面近距离指引
扬声器	拓展灯光、屏幕不能解释的信息，预警程度高，但会受环境声影响，也会对周围造成干扰	配合其他方式进行预警提示，尤其是行人预警的场合

根据百度车外交互实践[①]，整体车外交互信息表达应遵循以下原则，展示信息增益而不重复，呈现效果趋向简单，信息内容聚焦主车，可简单归纳为增益、简单、聚焦。

- **增益**：各种媒介的信息展现应相辅相成，避免同质信息的叠加。比如屏幕不应只是简单重复车灯的信息，而是增强与补充，扬声器应辅助前两种媒介进行信息传达。
- **简单**：信息呈现方式遵循简单可理解，避免展示需要过多时间处理的信息。比如视觉呈现尽量简单、使用通用图形，以便于理解，越紧急、接触时间越短的场景，呈现方式越趋于短平快。

---

① Apollo 智能驾驶体验设计中心.自动驾驶无人化时代，车外交互的设计探索.2020.07.20.

- **聚焦**：信息类型应聚焦车辆动作本身，避免与其他环境信息混杂。比如尽量聚焦车辆自身变道、加减速等信息提示、原因解释，避免展现道路环境等驾驶辅助信息，如限速等。

另外，车外交互是车辆与环境间的沟通过程，还需要注意整体的情感化表达，即给车赋予更多人性化的信息，辅助行人来理解车的意图，比如融入表情可以更温暖有趣地传递信息。赋予车辆一个"人格或角色"，用来引导设计中的图标、用色、文案、动态等统一风格，给行人较为统一的感受。如图 7-25 所示，是百度"萝卜快跑"的车外交互载体，包括车辆驾驶状态和意图，以及与乘客、行人的车外互动信息传达。

图 7-25　百度"萝卜快跑"的车外交互

车辆自动驾驶过程中，车内乘客的乘坐体验也很关键。自动驾驶出行服务中，乘客不再关注驾驶任务，而是更关注行程信息和车辆运行状态。虽然驾驶不再是乘客核心关注的事项，但一旦车辆有奇怪的行为，还是会影响乘客的安全感。因此在车内交互中，我们除了总结行程信息，也需要通过驾驶可视化界面让乘客清晰了解车辆在做什么、即将做什么。不过设计时需要注意，L4 级自动驾驶状态的驾驶可视化与 L2 和 L3 级驾驶自动化系统有所差异，L2 和 L3 级系统中仍然是驾驶员视角，而 L4 级自动驾驶状态下则是乘客视角，乘客并不关心接下来要接管操控车辆，更关心整个场景中影响驾驶行为的全局信息，因此一般摄像机会更高以便于乘客能看到更全局的状态。如图 7-26 所示是 L2 和 L4 级直行状态下可视化视角的差异，详细视角设计请参见 7.2.2 节。

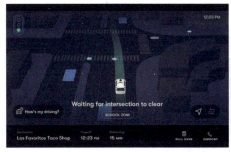

Waymo视角　　　　　　　　　　　　　　小鹏NGP高速视角

图 7-26　Waymo 和小鹏 NGP 视角差异

7.4.3　自动驾驶 HMI 的设计概念方向

现阶段 L4 级自动驾驶出行服务，大多是基于普通乘用车辆进行驾驶自动化系统和设备的接入和改装，由于实际运营中仍有出现不稳定状态的可能性，大部分车辆还是会配备方向盘和安全员。不过随着自动驾驶技术的成熟和进步，政策法规上已经开始允许无人化商业运营试点。2022 年 3 月，美国加州公共事业委员会允许 Waymo 及 Cruise 两家自动驾驶公司在不收费运营的情况下，提供无安全员的无人车服务。2022 年 8 月，国内重庆、武汉两地率先发布自动驾驶全无人商业化试点政策，并向百度发放全国首批无人化示范运营资格，允许车内无安全员的自动驾驶车辆在社会道路上开展商业化服务。

虽然目前离真正成熟的无人驾驶出行服务还很远，但越来越多的车企或自动驾驶出行平台，开始尝试突破传统的车辆造型、空间和功能等各方面的定义，逐步勾勒出更舒适的出行空间、更自然的人机交互和更便捷的出行服务模式图景。笔者归纳了目前主流的自动驾驶 HMI 设计概念方向，希望抛砖引玉，激发出更多的方案畅想。

方向盘是手动驾驶汽车的典型操控方式，能比较自然灵活地进行横向的方向控制，因此常常被视为手动驾驶模式的代表。对于完全无人驾驶车辆，取代手动驾驶的无方向盘设计是大势所趋。面向私家乘用车辆市场，行业内已有相关尝试。

一个方向是随着自动驾驶和手动驾驶模式的切换，进行方向盘的折叠或展开。如图 7-27 所示是预计 2025 年上市的大众 ID. Buzz 概念车，轻推方向盘就可以使方向盘收入驾驶舱仪表板下方，同时车辆会从手动驾驶模式切换至全自动驾驶模式。当处于该自动驾驶模式时，驾驶员可以 180°转动座椅以面向乘客，需要接管时，可以通过操作触摸屏幕、踩下刹车或加速踏板解除自动驾驶模式。

图 7-27　大众 ID.Buzz 概念车

另一方向则是完全去掉方向盘，典型的是奔驰在 2020 年 CES 展上发布的新概念车——Mercedes-Benz VISION AVTR，如图 7-28 所示。该车没有配置方向盘，所有交互都通过手势或通过中央控制单元控制，通过将手放在控制装置上，触摸垫会升起，按驾驶员意图的方向推动触摸垫就可以控制汽车前进。车辆支持完全自动驾驶，当触摸垫升起到一半时，人车可以协同控制，进行部分速度调节。整体座舱中应用了生物识别及感应，车辆可以通过心率识别乘客，通过分析测量用户的脑电波来识别用户的注意力焦点，从而触发车辆的目标功能。整辆汽车更接近于一件艺术品，通过内外和 HMI 的整体设计，传达了人机共生的未来形态和非同寻常的美学。

图 7-28　奔驰 VISION AVTR 概念车

自动驾驶出行服务平台，比如百度 Apollo、谷歌 Waymo 等，也在积极探索以乘坐者为核心的无人驾驶出行空间。2022 年 7 月 21 日，在百度世界大会上，百度发布了第六代量产无人车 Apollo RT6，如图 7-29 所示，该车支持有方向盘、无方向盘两种模式，前排可根据不同出行场景配置座椅、售卖机、办公桌、游戏机等，满足乘客办公、娱乐等多元需求。车外交互配备具有识别和提示功能的灵犀交互灯语、智能电动侧滑门等人性化功能，可提供更自然的人车互认和更高效的车外互动。该车辆预计于 2023 年投入到"萝卜快跑"进行试运营。

图 7-29　百度第六代量产无人车 Apollo RT6

2022 年 11 月，极氪与 Waymo 发布携手开发的 ZEEKR M-Vision 无人驾驶概念汽车，预计于 2024 年量产，如图 7-30 所示。该车辆采用前瞻的胶囊设计风格，无 B 柱与电动对开门的设计，提升整车开门仪式感和进出方便性。驾驶控制上会提供可驾驶和无人驾驶两种状态，无人驾驶状态下，前排的座椅可以旋转，方便与后排乘客进行交流，座椅中间的桌板可移动，可以根据需要进行空间布局变化。

图 7-30　ZEEKR M-Vision 概念车

除了单独车辆的无人化新尝试，有的企业还在畅想整体的未来出行解决方案，其中最典型的应该是 2018 年丰田在 CES（国际消费电子产品展）上发布的概念 E-Palette Concept。E-Palette 不单单是一辆车，更是一个平台。它的车身只有 3 种尺寸，从 3 米到 7 米，根据不同尺寸配有 4 个或 8 个轮子。通过这个平台车身，它可以变成任何客户想要的样子，如图 7-31 所示，它可以是无人共享小巴，也可以是无人商店、移动办公室、自行车修理店等。在 2021 年东京奥运会和残奥会上，E-Palette 作为运动员及后期保障人员的出行巴士提供服务。

图 7-31　丰田 E-Palette Concept

虽然目前有些功能离我们还很遥远，但这个方案提供了一个相对完整的未来移动出行形态，很可能会影响未来的生活和工作模式。当然未来不止以上的几种，完全无人驾驶实现后，人们将会如何出行？是否一定需要出行？当出行不再是问题，我们需要什么样的空间去满足人们其他的精神需求，如驾驶汽车的乐趣、家庭陪伴、社交娱乐等？基于对这些问题的探索，对人的本质需求的理解和关注，才可能得到最合理的设计方向。

在车联网和智能驾驶浪潮的推动下，中国的自主品牌与国外品牌站在了同一起跑线上，某些自主品牌智能座舱领域的应用场景和技术创新，甚至超越国外品牌的发展速度，进入了无可参考的知识盲区。这个时候，我们希望这本书能够提供从人因理论到设计应用实践的完整知识参考，帮助大家从用户的角度出发，回归到汽车的本质进行思考，准确把握用户与汽车交互过程中所带来的安全、效率及舒适性问题，帮助大家能够基于用户的真实需求和用户体验，推导技术的设计呈现形式，并进行大胆创新，最终构建未来出行体验的竞争壁垒。

附录 A

智能座舱设计的未来探索

除了基于屏幕的界面设计、多模交互设计和智能驾驶设计，在未来智能座舱还有哪些设计值得我们去探索和思考？在此笔者列举一部分案例和想法，希望能给读者带来一定的启发和帮助。

随着智能表面逐渐成熟，以前全部功能集成在中控屏的状况可能会逐渐消失，中控屏的部分功能会以智能表面的形式分散在座椅皮革、方向盘、车门上。在这方面，芬兰一家科技公司 Canatu 研发出一款碳纳米材料触控感应器，该材料具备透明、可弯曲和可热成型的特点，可以被塑造成条形滑块、圆形按钮等任何形状集成到显示屏、塑料、玻璃、皮革、布料等表面，给了设计师重新定义车内交互界面的想象空间。BMW 在 2021 年 CES 展示了纯电概念车 Vision iNext，其内饰使用了 Shy Tech 技术，如图 A-1 所示。当用户没进行交互操作时，这些内饰跟普通的内饰一样，但是当用户手指触碰时，内饰上可交互的元素会被点亮。Shy Tech 的使用可以减少按钮和屏幕的数量，让内饰更加纯粹、更具现代感。除此之外，基于玻璃的车窗也能变成交互载体，松下在 2017 年 CES 展出的概念车的车窗玻璃可以充当一块显示屏显示相关信息，如图 A-2 所示。

图 A-1　BMW 内饰采用的 Shy Tech 技术

图 A-2　松下的可交互车窗

随着智能驾驶技术的发展，方向盘、脚踏板等跟驾驶相关的硬件也有可能会弱化。奥迪 Skysphere 概念车采用了可收起方向盘，当用户不需要时可以收起，给用户更多的乘坐空间。奔驰的 AVTR 概念车则完全颠覆了方向盘的形式，转而用驾驶员右手边的一个按钮来操控车辆，大大节省了车内空间，如图 A-3 所示。在很多汽车概念设计中，将节省的车内空间转变为生活空间是设计师畅想的主要方向，例如用户可以面对面坐在车里聊天、办公、娱乐甚至睡觉，这时智能座舱需要考虑更多舒适性、生活便利性的设计，如图 A-4 所示。

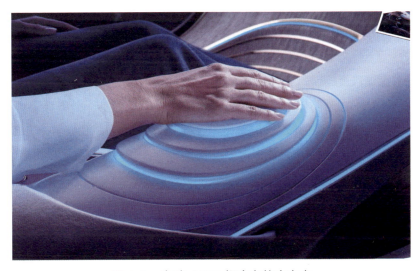

图 A-3　奔驰 AVTR 概念车的方向盘

图 A-4 沃尔沃 360c 智能驾驶概念车车厢内部

当智能驾驶逐渐普及,除了车内交互,车外交互也会是智能座舱设计的重点关注对象。要实现智能驾驶,V2I(Vehicle-to-Infrastructure,车辆到基础设施)必不可少。车辆需要与交通信号灯、交通摄像头、路侧单元等交通设施交互,才能更好地在遵守交通法规的情况下完成智能驾驶。未来,车辆将能够提前知道红绿灯状态,自动在红灯时停下,在绿灯亮起时前行,并能够根据红绿灯的情况自动规划最优路线。反过来,红绿灯也能根据车流和人流自动调节红绿灯时长,以提高交通效率。未来的汽车将能够自动前往停车场停车,并根据距离、停车费、空位数等自动选择最优的停车场,停车难不再是一个问题。车辆外侧将能够显示一些重要信息,比如是否智能驾驶等,以便红绿灯、摄像头等能够判断车辆意图,从而进行交通决策。

除了车辆和车外基础设施的互动,车内的人也可直接与车外的设施互动。随着图像识别和高精地图的发展,或许将来有一天,用户将可以指着车外的建筑问:这是什么建筑物?那家店营业多久?这家餐馆叫什么名字?我可以在这里停车吗?费用是多少?用户与环境的交互将更加自然。

车辆行驶在路上另一个重要的交互对象就是其他车辆。V2V(Vehicle-to-Vehicle,车辆到车辆)的交互让车辆能够通过外侧显示屏、灯光和投影等方式告诉其他车辆本车正在做什么,即将做什么,以及为什么这么做,可以考虑的交互对象如图 A-5 所示。这时车外交互可以考虑显示以下内容。

(1)驾驶状态提示:当前车辆处于智能驾驶、人工驾驶还是故障的状态。

（2）安全距离警示：跟车、超车、变道的车距。

（3）行驶动作提示：变道、转向、刹车、紧急动作警示。

（4）标示行驶意图：前方掉头、变道超车、前方出停车场。

（5）解释特殊行为：异常加减速原因解释、前方特殊路况同步，等等。

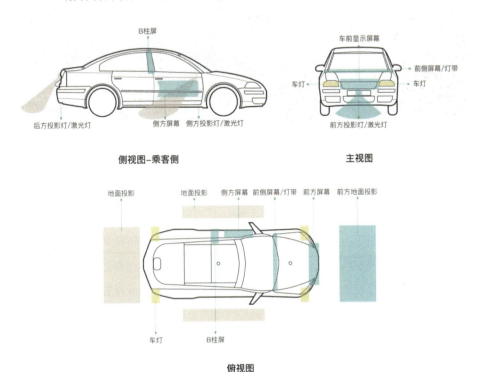

图 A-5　车外交互可以考虑的交互对象

接收到这些信息的其他车辆将更好地进行驾驶决策，规避碰撞和剐蹭。梅赛德斯奔驰 F015 概念车用车头灯光表示驾驶状态。当车头 LED 灯亮起蓝光时，表示其处于智能驾驶状态，当显示为白色灯光时，则是手动模式。并通过交互式阵列光显示系统、车前投影、灯带等来表示本车辆状态。其阵列光流动状态表示状态切换，后车灯单方向闪烁表示乘客下车方向，动态标示移动表示行人通行。并可在即将停车时，在地面投影出将要停车的位置，让其他车辆或行人知道本车的意图，避免碰撞，如图 A-6 所示。

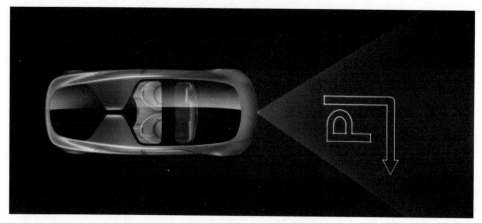

图 A-6　奔驰 F015 概念车

在智能驾驶时，车辆需要更好地与行人交互才能增强对智能驾驶车辆的信任感。V2P（Vehicle-to-Pedestrian，车辆到行人）让车辆可以获得行人的行为动态，行驶更加安全。同时，行人也能获得车辆的信息，为行人的安全提供保障。车辆可通过车灯、投影等方式跟行人沟通，展示本车辆是人开还是智能驾驶，是要停车还是要变道，要左转还是右转等。当行驶到路口有行人想要过马路时，可以通过显示屏或者车灯投影提示行人先行。在接人的时候，也可以提示欢迎乘车、请从右侧上车等行动指引。

尼桑的 IDS 概念车在前挡风玻璃上有块显示屏，可实现信息与行人交互，如图 A-7 所示。当车主从外面走向车准备上车时，车辆会通过外摄像头识别车主身份，并在屏幕上显示有车主名字的欢迎语。当前方有行人，本车辆要停下来时，屏幕上会显示"停车中"，让行人心里有底，不用害怕。当行人犹豫不决不知道要不要过马路时，屏幕可以显示内容告诉行人"您先走"。奔驰的 F015 概念车可通过车灯投影，在路面上投射出斑马线，并可让斑马线移动起来，提示行人先过马路，如图 A-8 所示。

沃尔沃 360c 概念车外部采用灯带环绕，通过灯带的流动光以及音效来表示本车当前处于启动、加速、减速及自适应巡航等信息，让外界的其他车辆和行人都能准确了解这辆车的意图，如图 A-9 所示。当行车时路遇乱穿马路的行人或者电瓶车时，可发出有指向性的警示声波，指向该对象，让该对象能更好地听到警示音，以注意过来的车辆。

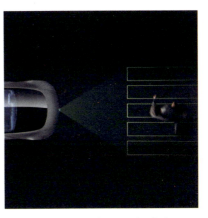

图 A-7　尼桑 IDS 概念车　　　　　　　　图 A-8　奔驰 F015 概念车

图 A-9　沃尔沃 360c 概念车

　　时代的发展给汽车的变革带来巨大的机会，正像 iPhone 颠覆了传统手机一样，如今的汽车在三电、操作系统、智能交互等领域上都在颠覆传统汽车，为用户带来崭新的体验。未来随着新一代技术和商业模式的创新，汽车一定能够为用户创造更高层级的体验，这时汽车给用户带来的将不只是交通上的便利，还能让生活更加丰富多彩。